# 일본 정치의 이해

이진원 저

보고사
BOGOSA

# 머리말

　20년이 넘게 일본 정치 등을 강의하면서 고민했던 것은 우리나라 학생들에게(또는 일반 시민들에게) 일본에 대해 어떠한 내용을 중심으로, 어떤 시각에서 강의해야 할 것인가였습니다. 일본은 이웃 나라이면서 가까운 과거에 우리에게 매우 큰 아픔을 주었고, 현대에는 선진국의 지위를 오랫동안 유지해 오면서 우리나라보다 발전된 내용을 많이 갖고 있는 것도 사실입니다. 미움의 대상임과 동시에 배움의 대상이었습니다. 미움이 큰 입장에서는 일본의 나쁜 점에 대해 더 많이 얘기를 하고, 배움이 큰 입장에서는 일본의 좋은 점에 대해 더 많은 이야기를 합니다. 또한 두 입장이 혼재되어 있는 경우도 많습니다. 우리나라 사람으로서 엄밀하게 객관적 입장에서 일본을 이해한다는 것은 매우 어렵습니다.

　필자도 이러한 고민을 거듭하면서 일본 정치의 강의 틀을 잡아가기 시작한 것은 매우 최근의 일입니다. 이 책은 그 결과물이라고 할 수 있습니다. 필자는 현대 일본의 정치·경제·사회의 출발점을 메이지(明治) 유신이라고 보고 그 이후에 전개된 일본 정치의 흐름과 내용 그리고 현재의 모습을 설명하였습니다. 이를 위해 책의 내용을 크게 두 부분으로 나누었습니다. 제1부에서는 메이지유신 이후 현재까지의 정치적 흐름을 설명하였습니다. 현재 일본 정치의 특징을 이해하기 위해서는 메이지유신 이후 형성된 정치세력의 성격과 그들의 정치적 행위, 그 배경과 특징을 파악할 필요가 있다고 생각하였습니다. 제2부에서는 현재 일본의 정치체제의 역사적 흐름과 특징을 설명하였습니다. 메이지유신 이후의 정치적 흐름의 결과 형성된 일본의 정치구조를 살펴보는 것은 현재 일본 정치의 특징을 이해하는 데 매우 중요한 작업이라고 생각합니다. 필자의 능력이 부족하여 충분한 설명을 하지 못한 부분이 많을 것입니다. 그렇지만 현재 일본의 정치 지형이 형성된 역사적 배경과 내용 그리고 현재의 모습을 충실하게 설명하고자 하였습니다.

내용을 설명하면서 가능하면 쉬운 문장을 쓰고자 하였습니다. 주로 대학의 학부 학생들을 이해할 수 있는 서술을 하고자 노력하였습니다. 따라서 일반인들도 내용을 이해하는 데 그다지 어려움은 없을 것이라고 생각합니다. 특히 제1부는 일본 정치의 흐름을 일반인들도 쉽게 이해하도록 서술하였습니다. 한자를 어원으로 공유하고 있는 우리나라와 일본이라는 점을 고려하여 일본의 고유명사 등은 한자를 병행하면서 우리가 이해하기 쉬운 단어를 우선적으로 기술하는 방법을 채택하였습니다. 예를 들어 왕정복고(王政復古, 오세이훗고), 자유민주당(自由民主黨, 지유민슈토)이라고 한자 발음을 먼저 표시한 경우도 있고, 메이지(明治) 유신, 이토 히로부미(伊藤博文)라고 일본식 발음을 먼저 표시하기도 하였습니다. 한자는 일본식 한자가 아닌 우리가 사용하는 한자를 사용하였습니다.

이 책은 특별히 참고문헌을 제시하지 않았습니다. 전체적인 내용의 흐름은 어느 문헌을 참고하였다기보다는 필자가 나름대로의 기준으로 내용을 정리한 것이며 다만 사실관계 등을 확인하기 위해서는 다양한 사전을 참조로 하였으며, 관계기관의 공식 홈페이지를 참고하였습니다. 따라서 이 책의 내용에 대한 책임은 전적으로 필자에게 있고 부족한 점이 있으면 필자를 질책하여 주시기를 바랍니다.

마지막으로 부족한 원고를 검토해 주시고 출판을 기꺼이 허락해 주신 보고사에 진심으로 감사드립니다. 교재 종류의 서적이 회사 운영에는 거의 도움이 되지 않는 상황에서 전적으로 필자를 위해 배려를 해 주신 것에 진심으로 감사드립니다.

2024년 7월
이진원

**차례**

# 제2부  일본의 정치체제


## | 제1장 |  일본의 정치체제 ··· 127

제1부

# 일본 정치의 흐름

# 서구형 국가 건설

## 제1절. 에도막부(江戶幕府, 에도바쿠후)체제의 동요

### 1. 막번(幕藩, 바쿠한)체제

280여 년간의 에도막부를 유지하던 체제는 막번체제라고 불린다. 장군(將軍, 쇼군)을 중심으로 한 중앙 정부를 막부라고 하고 지방에서 일정정도의 권력을 갖고 다이묘(大名)가 통치하던 지역을 번(藩, 한)이라고 한다. 다이묘는 장군에게 군사적 동원과 부역 등의 노동력 등을 동원하는 등 충성과 봉사를 맹세하고 시행하였다. 이러한 에도막부의 체제를 막번체제라고 한다.

막번체제가 유지된 배경에는 에도막부가 시행한 대표적인 몇 가지의 정책 및 규칙이 있었다. 쇄국(鎖國)정책이라는 대외정책, 무가제법도(武家諸法度)라는 지방의 다이묘를 대상으로 한 규칙, 금중병공가제법도(禁中幷公家諸法度)라는 천황(天皇), 귀족 등을 대상으로 한 규칙이다. 도쿠가와 이에야스(德川家康)가 창업한 에도막부가 전국시대(戰國時代)를 거치면서 일본 열도의 패권을 장악하고 통치체제를 유지하는 제도였으며 이 제도가 흔들리지 않는 한 에도막부의 통치구조는 지속되었다.


### 쇄국정책

에도막부는 전국시대를 거치면서 지방 세력이 자신들의 군사력을 증강하기 위해 외국으로부터의 무기를 수입하고 외국과의 무역을 통하여 경제적 이익을 취해 힘을 축적하는 것을 견제할 필요가 있었다. 또한 전국시대에 일본 열도로 유입된 서구의 그리스도교가 자신들의 사상을 일본 열도에 전파하고 세력화하는 것을 방지할 필요가 있었다. 이를 위해 막부는 스페인·포르투갈 등 기독교 국가로부터의 입국 금지, 장기 외국체제 일본인의 귀국 금지, 일본인의 출국 금지 조치를 취하였다. 대외무역은 나가사키(長崎)를 통한 네덜란드, 중국과의 무역으로 제한하였으며, 서구와의 유일한 창구로 네덜란드 상관을 설치하여 막부의 직할지로 하여 막부가 직접 관리하였다. 이로써 에도막부는 일본 열도의 대외무역 등 대외관계를 독점하게 되었고 지방의 번들이 자유롭게 외국과의 교류를 통제하게 되었다.


### 무가제법도

1615년 공포한 무가제법도는 에도막부가 지방의 다이묘를 통제하기 위한 규칙이다. 다이묘는 에도에 교대 근무를 해야 하는 참근교대(參勤交代, 산킨코타이)의 의무, 번 성곽의 신축금지와 수리를 할 경우 신고 의무, 대형 선박 건조 금지 등이 주요 내용이다. 산킨코타이는 다이묘가 자신의 영지에서 에도막부에 와서 정기적으로 장군을 알현하고 에도에 체재하는 제도이다. 이를 통하여 다이묘는 장군에게 주종관계를 확인하고 충성을 표시하였다. 동시에 다이묘는 자신의 정부인과 후계자를 에도에 거주하도록 의무화하였다. 에도막부는 정해진 기간 내에 다이묘가 반드시 에도에 도착하는 것을 매우 엄격하게 관리하여 다이묘의 복종심을 강제하였으며 에도에 거주하는 가족은 인질의 성격으로 다이묘의 반란을 견제하였으며 에도에 거주하는 다이묘의 가족은 자신의 영지보다 에도에 대한 소속감이 커지게 되었다. 산킨코타이는 다이묘들에게는 많은 재정적 부담을 가져오게 하였다. 자신의 영지에서 에도로 이동하는 비용과 에도거주 가족 등의 체재비를 위해 다이묘들은 적지 않은 지출을 하지 않으면 안 되었다. 다이묘들의 이동 경비 등은 전국적으로 소비를 향상시켜 경제를 활성화하는 역할도 하였지만 다이묘들이 지나치게 재정적으로 축적하지 못하는 결과도 가져오게 되어 에도막부가 다이묘를 경제적으로 통제하는 효과도 있었다.

다이묘들의 근거지가 되는 영지인 번의 성(城)에 대한 규제도 가해졌다. 먼저 성을 신축하는 것이 금지되고 성을 개축 수리할 경우에는 신고를 의무화하였다. 또한 하나의 번에는 하나의 성만을 남겨두고 파괴하도록 하였다. 일국일성령(一國一城令)이라고 하는 이 규칙은 주로 일본 열도의 서남의 번을 대상으로 하였으며 다이묘들을 견제하려는 조치의 일환이었다.

다이묘들의 무력을 통제하는 또 하나의 조치로 대형 선박 건조 금지(大船建造の禁) 명령이 있다. 다이묘들이 일정 정도 이상의 선박을 건조하는 것을 금지하여 다이묘들이 대형 선박으로 군사를 이동하는 등의 수군 세력 증강을 견제하였다.

### 금중병공가제법도

에도막부를 위협하는 세력으로 눈에 보이지 않지만 잠재적으로 견제하지 않으면 안 되는 계층이 천황을 비롯한 귀족(公家, 구게)이다. 당시 일본 열도 통치에 실질적인 권한을 갖고 있지 않았던 천황, 귀족의 조정이지만 이 규칙에 의해 통제를 가하게 되었다. 천황이 몸에 익히지 않으면 안 되는 것 중에 제일 중요한 것을 학문으로 규정하였고 조정 대신의 임면, 연호의 제정 등의 모든 일에 대해 막부가 간섭을 할 수 있게 하였다. 조정의 관직을 귀족이 무조건적으로 세습하는 것을 금지하여 능력이 없는 자가 주요 관직을 세습할 수 없게 하는 등 귀족의 관습도 막부가 간섭하였다. 이 규칙의 제정으로 천황과 귀족은 막부가 제정한 규칙 안에서의 권위만을 인정받게 되었고 천황과 귀족의 권한은 막부의 통제하에 들어갔다.

## 2. 에도막부체제의 동요

19세기 세계정세의 변화와 일본 열도의 국내 정치·경제·사회의 동요는 2세기에 걸쳐 유지되어 오던 에도막부체제에 영향을 미치게 되었다. 에도막부를 견고하게 지탱하고 있던 막번체제에 직·간접적으로 영향을 주어 막부와 번의 관계에 위기를 초래했다.

일본 열도를 둘러싼 서구 제국주의 세력들은 에도막부에 개국과 교류를 요구하였다. 쇄국정책을 고수하고 있던 막부는 서구 제국주의 세력의 교류 요구에 대해, 초기에는 해안 방어를 강화하는 명령을 하고 외국선박의 무역 요구 등을 거부하며 번의 다이묘들에게는 외국선박타격령(異國船打拂令, 異國船無二念打拂令)을 발동하였다. 그렇지만 서구 제국주의의 압박에 막부는 외국선박타격령 등 외국을 일방적으로 거부하는 정책을 폐지하지 않을 수 없었다.

한편 막부 말기 국내 사회의 불안 상황은 사회 개혁을 불가피하게 하였다. 시대의 흐름에 따른 사회·경제적 변화와 자연재해 등으로 인한 사회 불안은 막부를 비롯한 번의 개혁이 불가피하게 되었다.

이러한 국내·외 환경에 대처하는 과정에서 막부와 번의 세력 관계 변화는 막번체제의 균열뿐만 아니라 새로운 정치 경제체제의 배경이 되었다.


## 세계정세와 개국

18세기 말부터 세계 각국은 일본 열도의 홋카이도(北海道)에서 나가사키에 걸치는 전국 각지에 다양한 이유를 명분으로 접근하였다. 러시아는 일본인 표류민을 동반하고 입항하여 통상을 요구하기도 하였고 네덜란드와 미국, 영국의 선박은 연료와 식수의 공급을 요구하는 경우도 있었다. 이러한 가운데 일본 열도와의 본격적인 교류를 가장 먼저 시도한 나라는 러시아이다. 러시아는 일본 열도와 가깝게 바다를 공유하고 있기 때문에 일본의 어민들이 어업활동을 하면서 표류하는 경우가 많았고 이들 표류민들의 송환 등을 명분으로 1700년대부터 에도막부에 통상을 요구하였다. 에도막부는 관료를 파견하여 대응을 하고 러시아 선장을 체포하는 등의 강력한 조치를 취하면서 러시아의 본격적인 통상요구를 거절하는 태도를 취했다.

　가장 적극적으로 일본 열도의 개항과 교류를 희망했던 나라는 미국이다. 미국은 당시 세계 여러 나라 중에서 존재감이 증대하는 국가로 등장하였으며 중국과의 교역을 활발하게 확대하고 있었다. 미국이 중국과의 교역에 많은 비중을 차지하는 물품은 면사 제품으로 이를 운반하기 위해서 대형 선박을 이용하였다. 대형 선박이 미국과 중국을 가장 가깝게 잇는 태평양을 횡단하기 위해서는 장거리를 항해하기 위한 많은 연료와 생필품인 물이 필요하였고 이를 위한 공급지가 절실한 입장이었다. 또한 미국은 서부 해안을 중심으로 포경업이 번성하고 있었으며 이에 따라 발생하는 표류민을 위한 대책을 강구해야 했는데 이를 위해 일본의 협조가 필요하였다. 미국은 일본인 표류민을 동반하거나 석탄과 물의 공급을 요구하며 일본 열도에 입항하였다. 이러한 이유로 미국은 일찍이 일본과의 통상 교류 방침을 결정하여 동인도 함대 사령관으로 하여금 계획을 수립하게 하였고 이러한 미국의 의지는 네덜란드를 통하여 에도막부에 전달되었다. 1853년 미국 동인도 함대 사령관 페리(Matthew Calbraith Perry)는 군함 4척을 이끌고 군사적 시위를 하면서 오키나와(沖縄)를 거쳐 가나가와(神奈川)의 우라가(浦賀)에 입항하여 통상, 표류민의 처우와 재산 보호 등을 요구하는 미국 대통령의 국서를 전달하였다.

　같은 해 러시아의 극동함대 사령관 푸차친은 군함 4척과 함께 나가사키에 입항하여 통상을 요구하는 등 에도막부에 대한 개국 요구는 세계 여러 나라로부터 증가하였다.

　에도막부는 세계 여러 나라의 강력한 군사력 시위 앞에 개국 요구를 받아들여 1854년 미국과의 미일화친조약을 비롯하여 영일협약, 1855년 러일화친조약, 1856년 네덜란드·일본 화친조약을 체결하여 시모다(下田), 하코다테(箱館, 函館), 나가사키를 개항하였다. 이어서 1857년 네덜란드와 사실상의 통상조약인 추가 조약을 체결하였고 1858년에 미국과의 수호통상조약 및 무역장정 조인을 시작으로 네덜란드, 러시아, 영국, 프랑스와 수호통상조약, 무역장정을 조인하였다. 1858년 미국과의 수호통상조약 및 무역장정은 불평등조약으로 편무적 영사재판권, 관세, 최혜국대우 그리고 요코하마(橫浜), 나가사키, 하코다테, 고베(神戸), 니가타(新潟)를 개항한다는 내용이다.

  이상의 개국의 과정에서 에도막부는 지금까지의 막번체제에서는 보기 힘든 몇 가지 태도를 취하였다. 1853년 미국의 페리로부터 개국을 요구하는 국서를 받고 막부의 관료를 비롯한 전국의 다이묘들에게 자문을 구하였다. 미국과의 통상조약을 체결할 때에도 막부는 지방의 번에게 미국의 요구 조건을 제시하고 조정에도 체결이 불가피하다는 의견을 보고하였다. 조정은 조약 조인에 대해 전국의 다이묘로부터 의견을 들은 후에 다시 조인 승인을 요청할 것을 지시하였다. 그리고 결국 조정의 승인 없이 미국과의 조약이 체결되자 조정은 조인 실무자인 막부의 관료에 대해 징계조치를 하였다.

  이상과 같은 막부의 외교정책에 대해 막부의 관료뿐만 아니라 지방의 번에 의견을 구하는 것은 처음 있는 일로 막부의 권한이 약화되었다는 것을 의미하고 막번체제의 균열을 보여주는 것이다.

## 사회 동요와 번정(藩政)개혁

1800년대 중반 이후 일본 열도는 국내적으로도 위기적인 상황을 맞이하였다. 시대의 흐름에 따른 상품 생산의 증가와 화폐경제의 발달로 일본 농촌사회는 분화되었다. 부농과 호농은 부를 축적하여 토지를 집적하여 지주화가 된 반면에 하층 농민은 곤궁하게 되어 소작인으로 전락하거나 일일노동자 등으로 전락하였다. 또한 농촌에서 살기가 어려워진 농민들이 대량으로 도시에 유입되어 빈민층을 이루었다. 이어서 자연재해 등으로 지속적인 흉작에 따른 곡물 가격의 급등과 물가의 급등은 도시민(町人, 조닌)들과의 빈민층의 생활을 어렵게 하여 일본 사회의 불만은 고조되었다. 그렇지만 번의 다이묘를 비롯한 지배층이 적절한 대책을 세우지 못하였고 일본 열도 각지의 봉기(一揆, 잇키)로 이어졌다. 에도막부는 사회적인 불안의 주요 요인인 물가 급등을 저지하고자 검약 경제, 사치 금지, 도매상인조합(株仲間, 가부나카마) 해산 등의 조치를 취하였으나 조닌 문화마저 간섭하는 이 조치는 불만을 더욱 가중시켰다. 지나치게 강압적인 조치에 대해 농민·도시민뿐만 아니라 번의 다이묘들도 반발하였다. 사회의 불안으로 지방의 번은 가신단이 분열·대립하는 등 지배체제가 약화되고 흉작 등에 따른 백성들의 피폐로 번 재정마저 궁핍하게 되어 개혁을 시도하였지만 성공을 이룬 번은 많지 않았다.

한편 개혁에 성공한 번들은 매우 과감한 정책을 도입함으로써 번정을 튼튼하게 할 수 있었다. 인재를 양성하기 위해 번교(藩校)를 신설, 확충하였으며 하급 무사라도 능력이 있는 인물을 등용하여 번정에 참여시켰다. 재정을 재건하기 위해 특산물을 전매하는 제도를 도입하였으며 번이 스스로 유통업에 참여하여 이윤을 창출하고 악성 채무에 대해서는 장기적인 변제 제도로 부담을 줄였다. 번의 개혁에 성공한 대표적인 사례가 조슈(長州)번, 사쓰마(薩摩)번, 사가(佐賀)번이다. 이 번들은 백성들의 봉기를 계기로 개혁을 실시하여 자신들의 지리적 이점을 활용한 상업적 이익 창출 등으로 번 재정을 재건하였다.

다른 한편으로 서구 제국주의 세력의 본격적인 일본 열도 진출 압박과 군사적 위협에 대처하고자 막부는 번에 군사력 강화를 요구하였다. 러시아와 미국이 일본에 개국을 요구한 1853년에는 대형 선박 건조 금지를 폐지하였으며 일부 번은 번정개혁의 일환으로 군사제도를 개혁하여 서구식 군사제도를 도입하는 등으로 군사력을 강화하기도 하였다.

## 제2절. 메이지(明治)유신

### 1. 막부 붕괴

에도막부를 지탱해 온 막번체제는 일본 열도의 개국을 요구하는 세계정세의 흐름과 막부와 번의 개혁을 요구하는 일본 열도 내의 사회적 동요에 의해 흔들리게 된다. 강력한 군사력을 과시하면서 일본 열도의 개방을 요구하는 제국주의 세력에 에도막부가 제대로 대항하지 못하고 개국을 결정하자, 천황을 비롯한 조정(朝廷)의 세력과 지방의 번 세력은 에도막부의 이러한 조치에 반발하면서 자신들의 목소리를 높이기 시작했다. 특히 천황의 승인 없이 외국과의 조약을 체결한 것을 강하게 비판하였다. 에도막부는 자신들의 권위에 도전하는 이러한 움직임에 대해 강력한 대응을 하였을 뿐만 아니라 다른 한편으로는 조정의 권위를 이용하여 자신들의 권위를 유지하고자 하였다. 공무합체(公武合體)는 조정(公)과 막부(武)가 협조하면서 일본 열도의 지배를 유지하고자 한 움직임이다. 그렇지만 에도막부가 강행한 일방적인 개국에 대해 비판하는 세력은 이러한 움직임에 대해서 동의하지 않았다. 외국과의 조약을 파기하여 개국을 금지하고 천황을 비롯한 조정이 국가 통치의 중심에 서야 한다고 하였다. 이들은 존왕양이(尊王攘夷)를 내세우며 에도막부를 압박하였다. 공무합체를 주장하는 세력과 존왕양이를 주장하는 세력이 정국의 주도권을 잡고자 한 여러 가지 정쟁은 에도막부의 운명을 좌우하는 정치적 갈등으로 처음에는 공무합체파가 정국의 주도권을 잡는 듯했으나 결국은 존왕양이파에 의해 정국의 주도권을 빼앗기고 에도막부는 붕괴에 이르게 된다.

### 공무합체

개국에 반대하면서 에도막부에 저항하는 세력이 등장하자 막부는 이들을 강력하게 탄압을 하면서 천황의 조정을 이용하여 자신들의 세력을 유지하고자 하였다. 에도막부가 자신들의 개국 정책 등에 반대하는 세력을 처벌하자 이를 주도한 막부의 관료를 암살하는 사건이 일어났다. 1858년부터 1859년에 걸쳐 에도막부의 최고 관직에 있던 다이로(大老) 이이 나오스케(井伊直弼)가 막부의 정책에 반대하던 세력을 탄압하는 안세이 대옥(安政の大獄)을 일으켰고 이에 반발한 반대파 무사들이 1860년 이이 나오스케를 암살하였다〔사쿠라다몬 사건, 櫻田門外の變〕.

막부는 자신들의 정책이 강한 반발에 부딪치자 천황의 조정과의 관계를 확인하고자 하였다. 일본 열도의 정치를 천황으로부터 막부에게 위임하였다는 대정위임론(大政委任論)을 재확인함과 동시에 천황가와 장군가의 정략결혼을 추진하였다. 이러한 정책에 존왕양이파는 강력하게 반발하였고 두 세력의 갈등은 격화되었다.

1863년 존왕양이파는 천황의 정치적 입지를 강화하기 위한 행사 등을 계획하였지만 공무합체파의 군사력을 동원한 압력으로 좌절되었다. 공무합체파는 존왕양이파의 과격파를 천황이 거주하고 있던 교토(京都)에서 추방하고 천황의 행사를 연기하였으며 존왕양이파의 우두머리였던 조슈번의 교토 출입을 금지하였다〔8.18 정변〕.

교토에서 추방되는 등의 처벌을 받은 존왕양이파의 조슈번은 포기하지 않았다. 1864년 자신들도 군사력을 동원하여 교토에서 시가전을 펼치면서 공무합체파를 제거하고자 하였다〔긴몬 사건, 禁門の變〕. 그렇지만 조슈번의 무력에 의한 저항은 성공을 하지 못하고 정국의 주도권은 공무합체파로 넘어갔다.

공무합체파에 의한 정국 운영은 원활하지 못했다. 주요한 세력을 형성하고 있던 사쓰마번은 막부에 의한 일방적인 정치가 아닌 전국의 주요 다이묘들로 구성된 제후회의에 의해 주요 사항을 결정할 것을 강력하게 주장하였다. 특히 존왕양이의 우두머리인 조슈 처벌을 둘러싼 정책 결정이 원활하게 진행되지 않는 등 기존의 막부와 다이묘의 관계에 변화를 보이고 있다.

### 존왕양이

존왕양이가 막부가 중심이 된 체제에 반대하는 세력의 이념으로 등장하면서 에도막부 말기 다양한 계층의 지지를 받았다. 막부를 비판하는 다이묘들은, 장군과 다이묘는 조정이 동등하게 부여한 관직임을 주장하면서 조정의 정치에 관여하여 자신들의 정치적 발언권을 강화하려 하였고 하급 무사들은 위기에 처한 일본 열도를 통합하기 위한 사상적 토대는 조정이라고 하면서 천황을 비롯한 조정이 중심이 된 정치를 요구하였다. 또한 피지배계층이지만 부를 축적한 호농과 상인 계층은 천황을 비롯한 조정이 중심이 되어 사회체제가 변화하기를 원했다.

조정의 승인 없이 개국을 한 막부에 대한 반항적인 움직임 중 하나로는 1862년의 나마무기(生麥)사건이 있다. 사쓰마번주의 행렬이 나마무기라는 마을을 지나고 있을 때 영국인들이 말에서 내리지 않고 예를 표하지 않았다는 이유로 수행하던 무사가 영국인을 사살, 부상을 입히는 사건이 발생했다. 이에 대해 영국은 막부에 범인의 처벌, 사죄, 배상금 등을 요구하였다. 동시에 영국은 1863년 군함을 동원하여 가고시마(鹿兒島)만에 입항하여 사쓰마번과 교섭을 진행하였지만 합의에 도달하지 못하자 영국군이 포격을 하면서 사쓰마와 영국의 사쓰에이(薩英)전쟁이 발발했다. 이 전쟁으로 양측은 적지 않은 피해를 보았지만 이를 계기로 사쓰마번 내에는 영국과의 화해를 주장하는 분위기가 형성되었고 번의 군사력 강화에 필요한 군함을 구입해 주는 것을 조건으로 배상금을 지불하고 범인 색출에 노력한다는 협의로 전쟁은 종결되었다.

존왕양이의 선두에 섰던 조슈번에서는 1863년 조슈번의 시모노세키(下關) 해협을 지나던 미국 상선, 프랑스 군함, 네덜란드 군함에 포격을 가하는 사건이 일어났다. 이에 대항하여 미국, 프랑스, 네덜란드와 시모노세키 해협에서의 안전한 항해를 주장하는 영국이 가담하여 4개국이 연합을 이룬 함대가 압도적인 무력을 사용하며 시모노세키를 포격한 후 상륙하여 포대를 점령하였다. 4개국은 전쟁 비용 등의 배상을 요구하고 협상이 타결된 이후 전쟁은 종결되었다. 4개국이 보여준 무력은 조슈에 비해 압도적인 것으로 이때 영국에서 유학을 하고 있던 조슈번 출신의 이토 히로부미(伊藤博文)와 이노우에 가오루(井上馨)는 영국과의 국력의 차이를 실감하고 급거 귀국하여 전쟁을 멈추게 하려는 노력을 하기도 하였다.

한편 막부는 존왕양이를 주장하며 교토에서 공무합체파를 몰아내려는 무력 충돌을 일으키고 막부의 개국 명령을 어기는 조슈 정벌을 결정하고 서남 번을 중심으로 출병 명령을 내렸다. 조슈번에서는 공무합체파가 존왕양이파를 누르고 번정을 장악하고 있었기 때문에 조슈번은 막부의 정벌군에 교토에서의 무력충돌을 일으킨 관련자에 대한 처벌을 약속하였다. 조슈번에 대한 정벌 전쟁 이후 막부에서는 조슈를 처벌하기 위한 절차를 둘러싸고 갈등을 겪었다. 사쓰마번을 비롯한 정벌전쟁에 참여한 번들은 제후회의 등을 통하여 조슈 처벌을 결정할 것을 주장하면서 막부의 독단적인 결정에 대해 반발하였다.

한편 조슈번에서는 조슈 정벌 전쟁이 끝난 후 정국의 주도권을 둘러싼 갈등 끝에 존왕양이파가 승리를 거두었다. 이들은 전쟁을 겪으면서 서구의 강력한 무력을 실감하였고 군사력을 강화하기 위해서는 서구의 무기가 반드시 필요하다고 생각하여 서구의 무기를 구입할 방법을 찾고 있었다. 또한 국내적으로는 막부와 조정에서 자신들의 주장을 대변해 줄 세력이 필요했다. 1865년 도사(土佐: 현재의 高知縣)번 출신의 사카모토 료마(坂本龍馬) 등의 중개로 조슈번은 사쓰마번의 협조를 얻어 무기 구입에 성공을 하고 조슈번주는 사쓰마번주에 감사의 편지를 보내는 등 조슈번과 사쓰마번은 급격하게 사이가 가까워졌고 급기야 1866년 사쓰마조슈의 연합이 체결되었다. 양 번은 연합을 통해 사쓰마는 조슈번의 복권을 주장해 줄 것과 조슈번의 복권이 없을 경우 천황의 권위 회복을 위해 힘을 합칠 것을 약속하였다.

조슈 처벌 등을 둘러싼 주요한 정책 결정 과정에서 막부와 대립을 하고 있던 사쓰마와 막부와는 처음부터 대립을 하고 있던 조슈는 막부와의 대립이라는 면에서 같은 입장이 되었다. 또한 서구와의 전쟁을 통하여 서구의 무력에 압도당한 경험을 갖고 있는 두 번은 서구를 배척하는 정책이 무모하다는 공감을 갖고 있었다.

## 2. 왕정복고(王政復古, 오세이홋고)

에도막부의 막번체제가 붕괴되면서 천황 중심의 왕정으로 전환하는 과정은 순탄치 않았다. 2세기 이상 일본 열도를 지배하고 있던 막부는 순수하게 권력을 내놓으려 하지 않았고 막부를 타도하고 새로운 권력을 창출하고자 했던 세력은 막부를 철저하게 배제하여 자신들의 권력을 확립하고자 하였다. 두 세력의 움직임은 매우 급박하게 전개되었다. 막부를 타도하고자 한 세력은 맹약을 통하여 연합세력을 구축하고 자신들을 지원하는 조정의 귀족을 통하여 막부 타도의 비밀 명령을 받아냈다. 한편 이를 인지한 막부 세력은 자신들이 위임을 받고 있었던 백성을 다스리는 권한을 명목상 천황에게 돌려주는 조치로 자신들을 권력에서 배제하려는 세력의 주장을 받아들이면서 실질적인 통치는 막부가 행사하고자 하였다.

그렇지만 이에 만족하지 못한 막부 타도 세력은 왕정을 수립함과 동시에 막부 세력을 권력에서 완전하게 배제하고자 하여 무력충돌에까지 이르렀다.

### 대정봉환(大政奉還, 다이세이호칸)

개국에 대처하는 방법을 비롯한 정국 운영을 둘러싼 막부와 몇몇 번과의 갈등을 계기로 막부에 반대하는 번들은 천황을 중심으로 한 새로운 체제를 수립하고자 막부를 정치에서 배제하려는 움직임을 보인다. 1867년 사쓰마번과 도사번은 정치협상을 통하여 막부의 정치적 권한을 천황에게 되돌리고 의회를 개설하여 공(公)의 정치를 해야 한다고 주장하였다[薩·土盟約, 사토맹약]. 이 과정에서 사쓰마번과 도사번은 막부정치를 붕괴시키는 데는 일치하였지만 방법론에서는 차이를 보였다. 도사번은 막부의 정치적 권한을 천황에게 반납하는 등의 무력을 사용하지 않는 방법으로 막부의 권력을 무력화시킬 것을 주장하였지만 사쓰마번은 무력을 통한 막부의 타도를 주장하였다. 이어서 사쓰마번은 막부를 타도하기 위해 군사력을 동원한다는 내용의 토막거병(討幕擧兵)을 조슈번과 약속하였다. 또한 사쓰마번과 조슈번 등은 조정에 막부를 무력으로 타도하는 비밀 명령인 토막의 밀칙(密勅)을 요청하여 장군의 직책을 폐지하고 정권을 조정으로 반납시키라는 뜻의 비밀명령을 받아냈다.

이러한 분위기를 읽은 막부는 1867년 조정에 정권을 반납하는 대정봉환의 뜻을 천황에게 표시하고 칙허를 받아 내었다. 막부의 당시 장군 도쿠가와 요시노부(德川慶喜)는 조정이 정치를 할 능력이 없다고 생각하였고 실제로 실질적인 권한을 계속 유지하였다. 이러한 막부의 조치에 막부 반대세력은 막부가 자신들의 권력을 포기하지 않는 것에 반발하였고, 막부를 지지하는 세력은 막부의 권력이 약화된 것에 반발하였다.

### 왕정복고와 보신(戊辰)전쟁

막부의 대정봉환으로 막부를 권력으로부터 배제하는 것에 실패한 토막세력은 1867년(태양력으로 1868년) 군사를 이끌고 교토로 진군하여 막부를 폐지하고 일본 열도를 천황이 통치하는 왕정으로 한다는 왕정복고를 선포하였다. 이로써 일본 열도는 10대의 어린 메이지 천황을 중심으로 한 왕정국가가 되었고 이와쿠라 도모미(岩倉具視) 등 토막파 귀족과 사쓰마번, 도사번 등이 중심이 되어 새로운 관제로 총재(總裁), 의정(議政), 참여(參與)의 삼직(三職)을 설치하였다.

그렇지만 왕정복고 이후에도 막부의 권력 상실에 반발하는 세력과 신정부 내부에도 막부의 쇼군을 지지하는 세력이 여전히 존재하고 있었다. 이들은 결국 막부의 권력을 철저하게 박탈하려는 신정부 세력과 충돌하여 전쟁을 일으켰다. 1868년 1월 도바(鳥羽)·후시미(伏見)전쟁을 시작으로 우에노(上野)전쟁, 도호쿠(東北)전쟁을 거쳐 1869년 하코다테전쟁에 이르는 보신(戊辰)전쟁이 일어났다. 전쟁이 진행되면서 막부를 지지하던 많은 지방의 번들은 천황에게 충성을 맹세하게 되었고 끝까지 막부를 지지하던 세력은 도호쿠전쟁에서 동맹까지 체결하며 대결하였지만 패배하였다.

1868년 천황의 직접정치를 선포한 신정부는 메이지(明治)로 원호(元號)를 개정하고 천황을 중심으로 한 정치를 운영하기 위해 정치의 기본방침인 5개조서문(五箇條誓文)과 정부 조직의 기본인 정체서(政體書, 세이타이쇼)를 공포하였다. 5개조서문은 많은 사람이 의견을 활발하게 말하게 하며 과거의 나쁜 관습을 타파하고 모든 지식을 세계로부터 습득한다는 등의 내용이며, 정체서는 5개조서문을 실현하기 위해 태정관(太政官, 다조칸)이라는 직책을 중심으로 3권을 분립하고 관리를 공선하여 4년마다 교체하며 관직이 등급을 제정한다는 등의 내용이다. 이로써 천황을 중심으로 한 신정부의 기본체제가 갖추어졌다.

이러한 과정을 통해서 막부가 중심이 된 막번체제가 폐지되고 천황 중심의 정치체제가 형성되어 가는 메이지 시대의 새로운 정치 사회적 변혁을 메이지유신이라고 한다.

## 제3절. 서구형 국가 건설: 천황제(天皇制) 국가 건설

### 1. 막부체제 청산과 중앙집권화

메이지 천황을 중심으로 한 신정부 세력은 중앙정부의 체제를 정비함과 동시에 일본 열도를 실질적으로 메이지 중앙정부의 통치하에 두기 위해서 지방의 권력을 무력화하고자 했다. 에도막부 체제 아래 지방의 백성을 통치해 온 번과 번 주인 다이묘 및 번의 지방의 통치와 행정을 담당했던 무사 계급을 정리할 필요가 있었다. 신정부는 먼저 번을 정리하는 작업과 이 과정에서 발생하는 신분제도의 개편, 무사 계급의 처리를 위한 정책을 진행하였다. 판적봉환(版籍奉還), 폐번치현(廢藩置縣)으로 막번체제의 번의 권력을 중앙정부로 집중하였으며 지조개정(地租改定), 질록처분(秩祿處分)을 통하여 중앙정부의 재정을 충실하게 할 수 있는 기반을 마련하였고 번체제를 청산하였다.

한편 신정부가 일련의 정책을 수행하는 과정에서 백성들의 반발이 잇키(一揆 : 봉기)의 형태로 발생하였다. 에도막부에서 메이지 정부로 교체되는 과정에서 나타난 사회적 혼란과 어려워진 경제 상황에 대한 신정부의 해결책을 요구하였다. 또한 신정부의 새로운 정책이 백성들의 부담을 줄여주지 않으면서 강력하게 밀어붙이는 것에 대한 불만을 표출하였다.


### 판적봉환(版籍奉還, 한세키호칸), 폐번치현(廢藩置縣, 하이한치켄)

에도막부의 번을 정리하는 정책은 정체서를 공포하면서 에도막부의 직할지를 폐지하여 부(府)와 현(縣)을 설치하고 지부사(知府事), 지현사(知縣事)를 설치하는 부번현삼치제(府藩縣三治制)를 실시한 것이다. 이어서 에도막부시기 막번체제를 통하여 지방을 실질적으로 통치하고 있던 번의 권력을 해체하여 중앙으로 집중하고자, 메이지 신정부의 주도 세력인 조슈와 사쓰마가 중심이 되어 번이 소유하고 있던 토지(版)와 백성(籍)을 천황에게 반환한다는 판적봉환을 건의하였고 1869년 천황의 허가(勅許)를 받아냈다. 번주였던 다이묘는 지번사(知藩事)로 중앙정부에서 임명하는 지방관이 되었고 제후로 불리던 이들

의 신분은 에도시대 천황 조정(朝廷)의 공경(公卿) 등 함께 화족(華族)
이 되었다. 지번사는 에도막부시대와 변함없이 실질적으로 자신의 번
을 통치하고 있었지만 번은 지방관이 다스리는 중앙정부의 관할지가
되어 번의 통계를 중앙정부에 보고하고 재정에 관해서도 중앙정부의
각종 규칙을 따르지 않으면 안 되었다.

　한편 번은 에도막부 말기에서 메이지 초기의 혼란한 상황 속에서
내부 갈등이 발생하였고 보신전쟁을 통하여 번주를 비롯한 무사들의
권위가 약화되면서 백성들의 반란이 이어져 재정적으로 어려움을 겪
고 있었다. 소규모 번들은 이러한 상황을 타개하지 못하고 천황에게
번을 폐지해 달라는 신청서를 제출하기 시작하였다. 조슈와 사쓰마번
출신의 신정부 관료들은 번을 폐지하고 부현으로 일원화하는 작업을
추진하여 1871년 천황은 번을 폐지하는 폐번치현의 명령을 내렸다.
지번사가 실질적으로 통치하고 있던 3백여 개의 번은 현이 되어 중앙
정부의 지방 행정구역이 되었고 지번사는 도쿄로 이주하여 국가가 지
급하는 봉급을 받아 생활을 하게 되었다. 번이 갖고 있던 채무는 중앙
정부가 승계하고 번이 자체적으로 발행하던 지폐는 정부 지폐로 교환
하는 등 번 체제는 완전히 해체되어 번의 권력은 중앙정부로 흡수되
었다.


### 지조개정(地租改定), 질록처분(秩祿處分)

　신정부는 원활한 국가 운영을 위한 안정된 재정 운영을 위해 조세
제도를 개혁하였다. 1873년 조례를 제정하여 에도막부시대의 생산물
을 세금으로 납부하던 방식을 폐지하고 토지 가격에 따라 일정 세율

을 납부하는 등의 지조개정을 실시하였다. 토지소유자에게는 지권을
발행하여 토지의 사적 소유를 인정하고 농민은 재배작물을 자유롭게
선택할 수 있었으며 일정 비율의 세금을 납부한 후에는 잉여 생산물
은 개인소유가 되어 생산성이 증가하는 효과를 가져왔으며 정부로서
는 풍년과 흉년에 관계없이 안정된 세수를 확보할 수 있었다. 지조개
정은 에도막부의 막번체제의 토지영유권을 폐지하고 토지의 사적 소
유권을 인정하는 경제체제를 전환하는 정책이라고 할 수 있다.

에도막부의 막번체제의 해체와 신분제도를 개정에 따라 다이묘,
무사 계급 등에게 지급하던 급여제도를 개정하는 것도 신정부의 중
요한 사업 중의 하나였다. 1876년 금록공채증서발행조례(金錄公債證
書發行條例)를 제정하여 무사 계급과 유신공로자 등에게 지급되던 과
거의 질록급여를 완전하게 폐지하고 공채로 전환하는 질록처분을 시
작하였다. 공채는 일정 기간은 이자만을 지급하고 매년 추첨을 통하
여 상환을 받을 수 있는 기회를 주었으며 매매를 가능하게 하였다.
질록처분으로 신정부는 무사 계급 등의 급료를 지불해야 하는 재정
적 부담에서 다소 벗어날 수 있었으며 공채 매매를 통하여 일부 무사
계급 등은 사업자금을 마련하는 계기도 되었다. 한편으로는 과거의
무사계급제도에 기초한 에도막부시대의 신분제도를 해체하는 역할
을 하였다.


### 백성들의 반발

메이지 시대 초기 사회적 혼란과 신정부의 각종 정책은 백성들의
반발을 사기도 하였다. 1868년 보신전쟁 때에는 빈부격차를 해소하고

토지를 균등하게 배분하며 저당한 백성들의 토지 등의 물건을 반환하라는 요나오시(世直し: 세상을 바꾸자) 운동이 빈발하였다. 왕정복고 등으로 정치체제를 새롭게 한다는 신정부의 선언을 받아 백성들도 세금으로 납부해야 하는 물품을 반으로 줄여 줄 것과 번의 관료 등을 교체할 것을 요구하기도 하였다.

특히 신정부가 지조개정을 시행하자 이에 불만을 품은 백성들의 반발이 잇키로 이어졌다. 백성들은 우선 토지 가격 책정에 불만을 표시하였고 번체제하에서 공유지로 백성들이 자유롭게 이용하던 토지와 산림이 정부 소유로 되면서 백성들이 자유롭게 이용하는 것을 제한을 받게 된 것에 반발하였다. 백성들은 토지 가격이 결정된 이후에도 번체제하에서 납부하던 금액과 변함없는 고액을 징수하는 것과 지나치게 강력하게 세금을 징수하는 정부에 세율을 조정할 것과 소작료의 조정을 요구하였다. 대표적인 백성들의 반발은 1873년 후쿠오카(福岡)현에서 약 30만 명이 참가하여 신정부의 정책에 반대하는 잇키가 발생한 것이다. 1876년에는 미에(三重), 아이치(愛知), 기후(岐阜), 사카이(堺), 이바라키(茨城) 등에서 맹렬한 백성 잇키가 발생하여 군대를 동원하여 진압을 시도하기도 하였으나 정부는 백성들의 반발에 따라 1877년 지조율을 인하하기도 하였다.

## 2. 서구형 국가 건설

신정부는 서구형 국가 건설을 위한 발걸음도 시작하였다. 나라를 부강하게 하여 세계 여러 나라와 어깨를 나란히 할 수 있는 힘을 키워

야 한다는 만국대치(萬國對峙)를 목표로 산업을 부흥시키는 식산흥업
(殖産興業)을 내세우고 동시에 국가 제도를 정비하였다. 서구의 여러
나라의 산업 정책과 정치·경제·사회 제도를 조사하였고 천황을 중심
으로 한 체제 확립을 위해 각종 제도를 수립하였다. 이와쿠라(岩倉)
사절단의 서구 시찰, 내각제도 수립, 제국헌법제정 등 각종 제도의 확
립은 신정부의 서구형 국가 건설을 위한 정책이었다.

그렇지만 이러한 과정에서 각종 정책을 둘러싼 정치적 갈등이 권력
투쟁의 형태로 발현되었고 권력에서 소외된 세력과 무사 계급들은 자
유민권운동(自由民權運動)을 통하여 메이지 정부의 주도세력에 도전
하였고 이 움직임은 정당의 형태로 발전하였다.

## 이와쿠라(岩倉) 사절단과 조선침략론

신정부는 서구형 국가를 건설하여 세계 여러 나라와 어깨를 나란히
하고 부강한 나라를 만들기 위한 조사가 필요하다는 명목하에 서구
시찰단을 파견하였다. 1871년 이와쿠라 도모미(岩倉具視)를 특명전권
대사로 하는 사절단은 메이지유신을 주도한 기도 다카요시(木戶孝允),
오쿠보 도시미치(大久保利通)가 부사로 참여하였고 이토 히로부미와
다수의 화족 귀족 자녀가 유학을 목적으로 동행하였다. 사절단은 에
도시대 후기에 서구와 맺은 불평등한 조약을 개정을 위한 예비 교섭
을 하는 것이 첫 번째 목적으로 하였고 다음은 외국제도와 문물을 조
사하고 유학생들로 하여금 서구의 문명과 사상을 체험하여 일본의 서
구형 국가 건설에 이바지 하게끔 하는 것이었다. 요코하마를 출발한
사절단은 미국을 거쳐 유럽의 영국, 프랑스, 벨기에, 네덜란드, 독일,

러시아 등의 문물을 현지에서 시찰하였다. 그렇지만 사절단이 첫 번째 목적으로 하고 있던 조약 개정은 미국과의 교섭 과정에서부터 난항을 겪어 성과를 내지 못하고 결국 유럽 여러 나라의 제도와 산업 시찰이 주된 활동이 되었다.

사절단에는 기도 다카요시, 오쿠보 도시미치가 참여하였지만 같이 메이지유신을 주도한 사이고 다카모리(西鄕隆盛)는 일본 국내에서 신정부를 이끄는 역할을 하였다. 이들은 사절단이 서구 시찰을 하는 동안에는 주요한 정치 개혁을 하지 않을 것과 정부 요직을 변경하는 것을 금지하는 약속을 하였다. 그렇지만 일본 국내에서는 왕정복고와 메이지 정부의 성립을 조선에 통고하는 과정에서 조선이 외교문서를 거부하는 사건이 발생하자 조선을 침략하자는 조선침략론(征韓論)이 제기되어 사이고 다카모리를 중심으로 한 신정부는 조선 출병을 결정하기에 이르렀다. 이 소식이 사절단에 전달되자 유럽에 머물던 오쿠보 도시미치와 기도 다카요시는 급거 귀국을 하여 조선침략론을 반대하였다. 서구 여러 나라를 둘러본 후 서구의 국력을 실감한 오쿠보 도시미치와 기도 다카요시는 내정 개혁과 국력 충실이 우선되어야 한다는 것을 주장하며 조선 침략을 반대하여 결국 사이고 다카모리가 결정한 조선침략론은 무산되었다. 이 사건 이후[明治六年政變, 메이지6년정변], 사이고 다카모리는 정부 직책을 사임하여 귀향하였고 신정부에 불만을 품은 무사 출신자(士族)들과 같이 반정부 반란을 일으켰다. 1877년 사이고 다카모리의 고향인 가고시마 지역에서 사이고 다카모리를 중심으로 한 무사 출신자들이 정부를 상대로 전쟁을 일으키는 사건[西南戰爭, 세이난센소]으로 전쟁에서 패배한 사이고 다카모리는 자결을 하였다.

조선침략론을 반대한 신정부는 무사 출신자들의 불만을 인지하고 있었으며 이를 무마할 방법을 찾던 중 류큐(琉球: 오키나와)와 오카야마(岡山) 어민들이 타이완 근처에서 표류를 하다가 타이완인에게 살해당하는 등의 사건이 일어나자 타이완에 대한 침략을〔征台論〕획책하였다. 중국의 청나라로부터 타이완은 청나라의 통치가 미치지 못하는 곳이라는 답변을 받은 신정부는 1874년 타이완에 군대를 파견하여 전쟁을 일으켰다. 타이완 침략에 반대한 메이지유신의 주역인 기도 다카요시는 정부 직책을 사직하고 고향으로 돌아갔고 결국 신정부에는 오쿠보 도시미치만 남게 되었다.

오쿠보 도시미치는 부국강병을 슬로건으로 내세우면서 식산흥업(殖産興業)을 추진하였다. 정부 내에 공부성(工部省), 내무성(內務省), 농상무성(農商務省) 등 각종 조직을 정비하여 광산, 철도, 전신, 농축산, 산림, 해운 등을 관리 장려하였고 민간에 불하하는 정책을 추진하였다. 일본의 경제적 기반을 구축함과 동시에 국가권력에 의한 자본주의화를 위한 정책을 실시하였다.


### 천황 중심 체제 수립

신정부가 천황을 중심으로 한 정치체제 수립의 주요한 단계 중의 하나가 1885년 수립한 내각제도이다. 이토 히로부미는 헌법제정과 국회 개설을 앞두고 유효적절한 행정부 조직이 필요함에 따라 내각제를 강력하게 주진하였고 초대 내각총리대신(內閣總理大臣)에 취임하였다. 내각총리대신을 비롯하여 궁내(宮內), 외무(外務), 내무(內務), 대장(大藏), 육군(陸軍), 해군(海軍), 사법(司法), 문부(文部), 농상무(農商務), 체신(遞信) 대신을 설치하고 궁내대신을 제외한 대신으로 내각을 구성하였다. 대신은 각성을 관장하는 장관으로 직접, 단독으로 천황을 보필하는 책임을 가지며 내각총리대신은 내각의 수반이지만 대신들과의 관계에서는 같은 지위를 갖는다. 1889년 공포된 대일본제국헌법(大日本帝國憲法)은 행정권은 천황이 행사하고 내각은 국무대신들이 천황을 보필하는 것에 대해 협의를 하는 조직체로 규정하였다.

1889년 공포된 대일본제국헌법은 천황 중심의 체제를 명확하게 하였다. 제1조에 일본은 천황이 통치한다는 내용과 제4조에 천황은 국가의 원수로 통치권을 총람(總攬)한다는 내용을 천황의 주권과 통치권을 명확하게 하고 있다. 구체적으로 천황은 행정부의 문무관의 임면권, 육해군의 통수권, 계엄선포권, 선전포고 및 조약 체결권을 행사할 수 있었다.

대일본제국 헌법을 위하여 1875년의 입헌정체점차수립의 조서(立憲政體漸次樹立の詔)에 따라 원로원(元老院, 겐로인)을 설치하여 헌법의 기초를 담당하게 하였다. 1880년 원로원은 일본국국헌안(日本國國憲按)을 제출하였으나 신정부의 권력자들은 "천황은 국헌을 준수한다는 서약을 한다."는 내용과 의회의 권한이 지나치게 강하다는 이유로 반대하였다. 신정부는 1882년 이토 히로부미를 유럽에 파견하여 헌법을 조사·연구시키고 이를 바탕으로 비밀리에 헌법을 제정 작업을 진행하였다. 1888년에는 천황의 칙령으로 추밀원(樞密院, 스미쓰인)을 설치하여 헌법 및 황실 전범 초안을 심의하였다. 대일본제국헌법에서 규정한 입법권은 천황의 통치권의 일부로 법률 재가권은 천황이 갖고 있었다. 또한 제국의회는 2원제로 선거에 의해 당선된 의원으로 구성된 중의원(衆議院, 슈기인)과 황족 및 천황이 임명한 의원으로 구성된 귀족원(貴族院, 기조쿠인)으로 구성되었다. 중의원과 귀족원은 대등한 지위를 갖고 있어서 모든 안건과 법률은 중의원과 귀족원에서 동시에 채택하지 않으면 안 되었다. 천황의 절대적 권한으로 구성된 귀족원이 동의하지 않으면 모든 안건이 제국의회를 통과하는 것은 불가능하였다.

　대일본제국헌법은 백성들에게 병역의 의무를 부과하여 군대를 편제하였고 통수권자는 천황이었다. 군대를 보유하고 있지 않았던 신정부는 1873년 징병령을 제정하여 만 17세에서 40세를 국민군으로 편성하고 20세에 징병검사를 통하여 상비병역을 확보한 후, 3년의 현역을 의무화하였다. 신정부는 1878년 군인훈계(軍人訓戒)와 1882년 군인칙유(軍人勅諭)를 통하여 천황에게 절대적으로 복종하는 군대를 만들고자 하였다. 무사 출신자들의 반란과 자유민권운동 등으로 인한 군인들의 정신적 동요를 방지하고자 군인훈계에서는 충실(忠實), 용감(勇敢), 복종(服從)의 군인정신으로 천황을 절대 신성시하며 군대 질서를 엄수하고 군인의 정치적 발언과 정치 관여를 금지하였다. 나아가 군인들이 자유민권운동에 참여하고 이들을 애국자로 생각하는 등, 민권사상이 군대에 파급되자 군인칙유에서는 군인이 지켜야 하는 덕목으로 충절(忠節), 예의(禮儀), 무용(武勇), 신의(信義), 검소(質素)라고 정하고 군인의 정치 불 간여를 원칙으로 천황이 갖고 있는 군대 통수권은 역사적인 뿌리를 갖고 있고 있는 것이며 군대에 대한 권한은 천황 직속으로 정권과 무관한 것으로 하였다.

　교육제도도 수립하였다. 서구형 국가 건설을 위한 지식 습득과 전문인을 양성하고 천황에게 충성하는 정신을 교육하는 제도를 만들어 나갔다. 1872년 폐번치현 이후 문부성을 설치하여 전국에 학교를 설립하는 학제를 만들었다. 전국을 학구(學區)로 구분하여 각 학구에 대

학교, 중학교, 소학교(小學校, 초등학교)를 설치하였다. 1879년에는 교육제도에 관한 종합적 기본법령을 제정하여 소학교에서 대학교까지의 제도를 규정하였고 특히 소학교 교육에 중점을 두었다. 1880년에는 제2차 교육령을 제정하여 국가의 통제와 정부의 간섭을 강화하는 조치를 취했다. 1890년에는 자유민권운동이 고양되면서 민주주의 사상의 사회에 파급됨에 따라 이에 대한 대응책으로 유교사상에 기초한 교육칙어(敎育二關スル勅語)를 발표하여 국민 사상의 지표로 삼고자 하였다. 충성과 효행을 강조하며 온몸을 바쳐 국가를 위해 최선을 다할 것을 강조하는 교육이념을 명시하였다.

### 자유민권운동과 정당

조선 침략을 둘러싼 정치 투쟁에서 패배한 사이고 다카모리와 함께 도사 출신 이타가키 다이스케(板垣退助), 고토 쇼지로(後藤象二郎) 등은 신정부에서 물러났다. 이타가키 다이스케 등은 1874년 애국공당(愛國共黨)을 설립하여 신정부를 사쓰마와 조슈 출신이 중심이 된 유사전제(有司專制)라고 비판하고 신정부가 5개조서문에서 약속한 의회 개설을 주장하며 민선의원설립건백서(民選議院設立建白書)를 정부에 제출하였다. 이들은 일본이 서구 여러 나라와 어깨를 나란히 할 수 있는 강력한 국가가 되기 위해서는 입헌정치의 도입이 필요하여 민선의원을 설립해야 한다고 주장하였다. 민선의원설립건백서 제출 사실과 내용은 영국인이 창간한 신문에 발표되면서 사회에 파문을 일으켰고 자유민권운동의 계기가 되었다.

신정부가 민선의원설립건백서를 받아들이지 않자 정부에서 물러난 이타가키 다이스케는 고향인 고치에서 정치결사인 입지사(立志社, 릿시샤)를 설립하여 신정부를 비판하는 활동을 전개하였고 에토 신페이(江藤新平)는 고향인 사가에서 반란을 일으켰다. 오쿠보 도시미치와 신정부에 참가하고 있던 기도 다카요시는 타이완 침략을 둘러싼 갈등으로 정부 직책에서 사직을 하는 등 오쿠보 도시미치를 중심으로 한 신정부가 고립되어 가는 양상을 보였다. 위기의식을 느낀 오쿠보 도시미치와 이토 히로부미는 오사카(大阪)회의를 개최하여 기도 다카요시 등을 정부에 복귀시키고 입헌정체를 수립할 것을 약속하였다.〔立憲政體漸次樹立の詔, 입헌정체점차수립의 조서〕

한편 애국공당의 주요인물의 귀향으로 자연 소멸되자 이타가키 다이스케는 오사카회의 참가와 동시에 애국사(愛國社) 창립대회를 개최하였다. 애국사는 의회개설운동을 전국적으로 전개하면서 도쿄에 본사에 지방의 정치결사에서 위원을 파견하고 정보를 수집 교환하는 등의 활동을 전개하는 등 자유민권운동을 전국적으로 지도하는 위치에 있었다. 애국사는 중심인물이었던 이타가키 다이스케가 신정부에 복귀하면서 활동이 중단되었지만 1878년 다시 결성되었다. 재결성된 애국사는 전국적인 의회 개설운동을 전개하면서 1880년 국회기성동맹(國會期成同盟)을 별도로 조직하였다. 국회기성동맹은 의회개설 청원서를 원로원에 제출하였지만 받아들여지지 않았고 반대로 정부는 집회조례를 제정하여 집회와 결사를 억압하였다. 국회기성동맹은 각종 헌법안(私擬憲法)을 발표하여 신문에 발표하는 등의 형태로 자유민권운동을 전개하였다.

각종헌법안이 발표되는 가운데 신정부에 참여하고 있던 사가현 출신 오쿠마 시게노부(大隈重信)는 영국형 입헌정치와 2년 이내 의회

개설, 정당내각 도입을 주장하였다. 이토 히로부미를 비롯한 사쓰마, 조슈 세력은 오쿠마 시게노부의 주장이 지나치게 급진적이며 자신들을 배척하려는 시도를 하고 있다고 판단하여 오쿠마 시게노부를 비롯한 진보적 관료들을 정부에서 추방하였다.〔明治十四年政變〕 그렇지만 의회 개설을 요구하는 사회적 요구는 사쓰마, 조슈 세력을 중심으로 한 신정부가 외면만 할 수는 없었다. 1881년 신정부는 국민들에게 1890년에 의회를 개설할 것을 약속하였다.〔國会開設の勅諭, 국회개설 칙유〕

국회기성동맹대회에서는 정당을 결성하여 활동을 할 것을 결의하여 1881년 자유당(自由黨)을 결성하였다. 자유당은 총리 이타가키 다이스케를 중심으로 지방의 부농 중농층, 명망가들의 지지를 받으면서 입헌정체 확립에 주력할 것과 헌법 제정, 국회의 조기 개설을 요구하였다. 한편 정부로부터 물러난 오쿠마 시게노부는 1881년 영국형 입헌군주제와 의회정치 확립, 지방자치확립 등을 요구하면 입헌개진당(立憲改進黨)을 창당하여 자유당과 더불어 유력한 정당으로 활동하였다.

1886년 이후에는 자유민권운동의 한 흐름으로 의회가 개설되기 이전에 반정부 세력이 결집하여 정치결사를 만들고자 대동단결운동(大同團結運動)이 전개되었다. 이와 함께 언론집회 자유, 불평등조약 개정 등 외교실책 만회, 지조개정 등을 요구하는 반정부 운동〔三大事件建白運動, 3대사건건백운동〕이 자유민권운동으로 전개되었다.

자유민권운동과 밀접한 관계가 있는 백성들의 봉기도 잇달았다. 대표적으로 1882년 발생한 후쿠시마(福島) 사건이 있다. 후쿠시마에서는 자유당 지부가 현 의회에서 다수의 세력을 확보한 상태에서 사쓰

마 출신의 현령(縣令)과 도로건설을 둘러싸고 갈등을 빚었다. 현의회
의 반대를 무시하고 현령이 중앙정부의 힘을 빌려 무리하게 사업을
추진하자 자유당의 후쿠시마 지부는 강력하게 반발하였고 집회조례
에 의해 자유당의 지부가 해산되자 별도의 조직을 만들어 저항하였다.
현은 경찰 등을 동원하여 백성들과 충돌이 발생하였다. 1884년에 발
생한 사이타마(埼玉)의 지치부(秩父) 사건도 자유당과 연결된 백성들
의 봉기이다. 세계적인 불황으로 생사 수출이 급감하자 지치부 지역
의 주요 산업인 양잠업이 어려움을 겪고 있는 상황에서 신정부의 디
플레이션 정책은 농민들의 생활을 더욱 곤궁하게 만들었다. 자유민권
운동의 영향을 받은 농민들이 중심이 되어 조직을 만들고 감세, 부채
연기 등을 요구하면서 일으킨 봉기를 정부가 군대 경찰을 동원하여
진압한 사건이다.

　신정부는 자유민권운동이 주장하는 내용과 사상이 사회에 전파되
면서 백성들에게 영향을 미치자 법적인 대책을 강구하였다. 먼저 자
유민권운동이 주장하는 의회 설립, 헌법 등의 내용이 신문을 통하여
백성들에게 알려지자 신문·출판 등 언론에 대한 통제를 실시하였다.
1869년에 출판조례(出版條例)를 제정하였고 1875년에 출판신고제를
도입하였다. 출판조례는 1883년과 1887년의 개정을 통하여 치안방
해, 풍속문란의 출판물에 대해 내무대신의 발매, 배포 금지에 대한 행
정처분을 규정하였다. 1875년에 신문지조례(新聞紙條例)로 발행허가,
소란 선동, 법률 비방의 논설을 단속과 사주 편집인 등의 법적 책임을
규정하였고 1883년에는 외무대신, 육해군대신 관련 기사 게재를 금지
하였으며 발행 보조금과 책임자 범위를 확대하여 간접적인 통제를 강
화하였다. 이후 1887년과 1897년의 개정을 통하여 반정부 성향의 언

론을 억압하였다. 1875년에 제정된 참방률(讒謗律)은 명예보호특별법으로 신문의 풍자화를 이용한 정부 관료 비판을 봉쇄하였다. 1880년에는 정치집회와 정치결사를 단속하는 것을 목적으로 한 집회조례(集會條例)를 제정하였다. 국회개설운동을 주장하는 단체가 결성되고 의회의 조기 개설을 호소하는 집회가 개최되는 등 자유민권운동이 확산되자 1882년 지방관에게 연설금지 권한을 부여하여 내무대신에게 집회와 결사 금지권을 부여하였다. 1887년에는 보안조례(保安條例)로 반정부 단체와 정치인을 직접적으로 탄압하였다. 비밀집회와 결사를 금지하며 내란음모와 교사, 치안을 방해할 우려가 있는 사람은 도쿄에서 추방하는 조치를 취했다.

| 제2장 |

# 제국주의 국가

## 제1절.  제국주의 체제

### 1. 번벌(藩閥, 한바쓰) 정치

천황 중심체제의 국가를 수립한 메이지유신 세력은 번벌을 형성하여 일본 정치를 주도하기 시작하였다. 초기에는 메이지유신의 주역이었던 번들이 하나가 되어 번벌을 형성하였지만 시간이 흐르면서 내부의 권력투쟁이 일어났고 이합집산을 계속하였다. 막부를 타도하는 의견을 같이 하던 번들은 권력을 둘러싸고 정권 담당자와 비판자로 분열하였고 같은 번 출신이라도 정치적 이해관계에 따라 서로를 견제하였다. 그렇지만 번벌의 정치적 영향력을 약화되지 않아서 내각총리대신의 교체 등 정치적으로 중요한 사항에 관여하였다. 번벌 세력은 법령에 근거가 없는 원로(元老, 겐로)라는 지위에서 천황에게 자문을 하고 국가적 중요 사항을 결정하였다.

## 번벌체제

　폐번치현 이후 새로운 관료제도에 따라 국가정책 결정과정에 실질
적인 권한을 갖는 직책을 차지한 것은 메이지유신의 주역인 사쓰마,
조슈, 도사, 히젠(肥前: 현재의 佐賀縣) 출신으로 메이지 초기의 번벌정
부를 형성하였다. 그중에서 사쓰마와 조슈 세력은 결속력이 강하여
그 이후에 번벌 세력의 중심을 이루었고 도사와 히젠 세력은 정권의
중심으로부터 멀어지게 되었다. 사쓰마번 출신으로 형성된 사쓰마 벌
(閥)은 오쿠보 도시미치와 사이고 다카모리가 중심이었고 조슈번 출신
의 조슈 벌은 기도 다카요시가 중심이었다. 천황 조정의 귀족(公家,
구게)도 번벌 세력에 합류하였다. 막부 타도에 참여한 이와쿠라 도모
미는 오쿠보 도시미치와, 산조 사네토미(三條實美)는 기도 다카요시와
가까운 것으로 알려져 있다.

　초기의 번벌 세력은 1877년 이후 재편성되었다. 사쓰마 벌의 중심
인물인 사이고 다카모리는 1877년 서남전쟁에서 패하였고, 오쿠보
도시미치는 1878년 암살을 당했으며, 조슈 벌의 중심인물 기도 다카
요시는 1877년에 사망하였다. 이어서 번벌 세력의 중심이 된 것은
조슈번 출신의 이토 히로부미와 야마가타 아리토모(山縣有朋)이다.
1885년 내각제도가 출범한 이후 내각의 대부분을 조슈 벌과 사쓰마
벌이 차지하였다. 조슈 벌과 사쓰마 벌의 합의는 내각의 결정보다 우
월한 정치적 힘을 발휘하였다. 1880년대 후반이 되면서 번벌 2세대
가 등장하여 내각의 차관급으로 승진하면서 국가 정책 결정에 참여
하였다.

　한편 정치 투쟁에서 사쓰마 벌과 조슈 벌에 밀려났던 세력은 정당
을 구성하여 번벌정부를 비판하였고 의회가 개설되자 의회에 진출하

여 대부분이 번벌 세력으로 구성된 내각을 견제하였다. 1895년 번벌 세력인 이토 히로부미는 내각을 구성한 이후 원활한 국가 운영을 위해 의회의 협조가 필요하였고 이를 위해 정당과 제휴를 추진하였다. 당파적 이익을 초월한 국정을 운영한다는 명분으로 정권을 독점하고 있던 번벌 세력 중 일부 자작(子爵)급 인물과 번벌 제2세대 관료, 사쓰마 출신 경찰 관료 등은 이에 반발하여 야마가타 아리토모를 중심으로 결집하여 이토 히로부미를 공격하였다. 이토 히로부미는 1900년 입헌정우회(立憲政友會, 릿켄세이유카이)라는 정당을 조직하였고 야마가타 아리토모와 본격적으로 대립하였다. 번벌은 이토 히로부미 계열과 야마가타 아리토모 계열로 재편성되었다. 두 세력은 메이지 후기에는 야마가타 아리토모 계열의 가쓰라 다로(桂太郎)와 이토 히로부미 계열의 사이온지 긴모치(西園寺公望)가 교대로 수상에 취임하여 정권을 담당하는 등 일본의 정치를 주도하였다.〔桂園時代, 게이엔시대〕 번벌 세력은 군, 경찰, 사법부 등 정부의 중요한 부처에서 세력을 형성하였고 일본 사회는 번벌 체제로 운영되었다. 사쓰마 벌은 해군과 경찰, 조슈 벌은 육군을 장악하였고 사법부는 사쓰마, 조슈, 도사, 히젠의 영향력이 큰 것으로 알려져 있다.

### 원로 정치

번벌 세력은 원로회의를 이용하여 일본 정치를 주도하였다. 내각제도 수립 이전에는 번벌의 중요 인물들은 원훈(元勳)급 지도자로 정치와 인사에 관여하였으며 내각제도가 출범한 이후로는 태정관제에서 각료인 경(卿)들을 지도하는 직책인 참의(參議)가 원로로 되었다. 원로는 공직도 아니며 권한, 대우, 취임 자격 등이 명문화되지 않아 법적 근거에 대해 논란이 일어나자 천황의 명령인 칙령(勅令)이나 칙어(勅語)로 인정하게 되었다. 원로는 천황을 자문하여 내각이 사직을 할 경우 후임 내각총리대신을 추천하였다. 천황은 원로회의에서 추천한 후임 내각총리대신을 거부한 적이 없으며 영일동맹과 러일전쟁의 개전 등 국가 운영의 중요사항도 결정하였다. 또한 귀족원과 정당 군 등에 압력을 가하는 등의 정치활동도 하였다.

원로가 커다란 역할을 한 주요 내각의 총리대신 결정을 보면 먼저 1892년 마쓰카타 마사요시(松方正義) 내각이 사퇴하자 천황은 사쓰마 벌과 조슈 벌의 지도자인 이토 히로부미, 야마가타 아리토모, 구로다 기요타카(黑田淸隆), 이노우에 가오루 등에게 자문을 구해 제2차 이토 히로부미 내각을 출범시켰다. 이후 사쓰마 벌과 조슈 벌의 주요 인물에게 후임 총리대신에 대해 자문을 구하는 것은 관례가 되었고 1895년에의 제2차 마쓰카타 마사요시 내각이 조각될 때에는 야마가타 아리토모, 구로다 기요타카, 이노우에 가오루, 마쓰카타 마사요시의 자문 후에 결정되었다. 1897년 마쓰카타 마사요시 내각이 붕괴되고 제3차 이토 히로부미 조각이 결정될 때에는 사쓰마 벌인 사이고 주도(西鄕從道), 오야마 이와오(大山巖)도 추가로 조각회의에 참가하였으며 이때 이토 히로부미는 천황에게 원로들을 불러 회의를 개최할 것을 요구하여 원로회의를 실질적인 제도로 인식하는 계기를 만들었다.

정당 세력이 증대하여 의회에서의 영향력을 행사하자 이토 히로부미는 정당과 제휴하고 나아가 정당을 창당하자 이에 반대한 야마가타 아리토모는 이토 히로부미와 대립하는 양상을 보이는 등 원로 내부에서의 대립도 보였다. 사회에서 번벌 세력 타도와 원로정치 배제를 요구하는 기운이 형성되자 정당 세력과 번벌 세력 간의 갈등이 심화되었고 원로는 이들을 조정하는 역할을 담당하기도 하였다. 천황은 내각이 사퇴하면 후임 내각총리대신에 대해 반드시 원로에게 자문을 구하여 유일하게 생존하면서 최후의 원로 직을 유지하고 있던 사이온지 긴모치는 끝까지 후임 내각총리대신을 추천하였다. 원로로 역할을 한 인물들은 대부분이 사쓰마 벌과 조슈 벌이었다. 출신 지역으로 보면 조슈번 출신은 이토 히로부미, 야마가타 아리토모, 이노우에 가오루 사쓰마번 출신은 구로다 기요타카, 마쓰카타 마사요시, 사이고 주도, 오야마 이와오이며 사이온지 긴모치는 귀족 출신이지만 이토 히로부미와 가까운 사이이다.

## 2. 아시아대륙 침략

천황 중심의 체제를 수립한 일본은 제국주의적 팽창을 대외정책으로 채택하였다. 청일전쟁과 러일전쟁을 통하여 한반도 조선을 침략하고 아시아에서의 패권을 확보하고자 하였다. 한반도 조선에서의 이익을 선점하기 위해 미국에 의해 강압적으로 개국을 당한 과정을 그대로 조선에 적용하여 한반도를 침략하였고 그 과정에서 청일(淸日)전쟁을 일으켰다. 이어서 한반도에서의 이익을 확실하게 확보하고 만주 등에서의 이익을 보장받기 위해 러일전쟁을 일으켰다. 두 전쟁을 통하여 일본은 한반도 조선을 식민지화하는 침략 정책을 시행하여 한국 민족과 대립을 초래하였다. 국내적으로는 군부의 발언권이 증대하여 군부의 정치적 지위가 상승하고 군사적 목적을 달성하기 위한 정책이 국책으로 채택되는 등 군국주의적 색채가 강화되었다. 국제적으로는 일본이 아시아의 패권국가라는 인식과 함께 제국주의 간의 대립에 참가하는 등 제국주의 단계에 돌입하였다.

## 청일전쟁

일본의 제국주의 팽창의 첫 번째 움직임은 한반도 조선에서의 정치적 주도권을 둘러싼 청나라와 전쟁이다. 한반도 침략 기회를 노리고 있던 일본은 조선에서 정치적 갈등(임오군란)이 발생하자 청나라와 동시에 조선에 출병하였다. 그렇지만 자신들이 배후 조종한 정치적 움직임(갑신정변)이 실패하고 조선은 청나라에게 종주권을 강요당하게 되었다. 청나라와 일본은 조선에서 동시에 철수를 하며 향후 출병시 통고를 한다는 텐진(天津)조약을 체결하였지만 청나라의 조선에 대한 영향력은 강화되었다. 일본은 이후 청나라와의 전쟁을 상정하여 육해군을 강화하기 시작하였다.

조선에서는 정부의 부패와 백성에 대한 수탈로 인해 각종 사회 혼란이 가중되어 백성들의 생활은 곤궁해졌으며 외국의 세력을 끌어들이면서 정치적 갈등을 빚고 있는 정치세력에 대한 백성들의 증오는 고조되었다. 결국 백성들은 반봉건·반외세를 외치면서 농민을 중심으로 봉기를 일으키고〔갑오농민전쟁〕 그 기세에 눌린 조선 정부는 청나라에게 군대를 파병하여 진압해 줄 것을 요구하였다. 청나라는 군대를 파견하면서 텐진조약에 의거하여 일본에 군대 파병을 통보하자 일본은 청나라 군대보다 많은 군대를 파견하였다. 한편 조선에서의 농민 봉기는 조선 정부군과 농민군 사이의 화의가 성립되어 진정되었고 조선 정부는 청나라와 일본에게 군대의 철수를 요구하였다. 그렇지만 조선에서의 청나라의 영향력을 제거하고 일본의 영향력을 강화할 목적을 갖고 있던 일본은 철군을 거부하고 조선에 내정개혁을 요구하였다. 당시 일본은 의회에 진출한 정당 세력이 정부를 비판하는 목소리가 커지는 등 번벌정부와 이를 비판하는 세력 간의 갈등이 끊이지 않았고 번벌정부는 정치적 관심을 대외로 전환할 필요가 있었다.

일본은 해군의 모든 군사력을 동원하여 청나라와의 전쟁에 대비하였고 군대를 파견하여 조선의 경복궁을 점령하고 조선 정부를 친일인사로 교체하여 청나라와의 모든 조약을 파기할 것을 요구하였다. 청나라와 일본의 군사적 대치는 상호간의 선전포고로 이어졌고 오랫동안 전쟁을 준비한 일본은 한반도와 여순 등지에서 벌인 전투에서 우위를 점하여 1985년에는 타이완(臺灣, 대만) 부근의 펑후(澎湖, 팽호) 제도와 타이완을 점령하였다. 청나라는 일본과의 강화를 요청하여 1985년 시모노세키에서 조약을 체결하였다. 조약의 내용은 청나라는 조선의 독립을 승인할 것과 랴오둥(遼東, 요동) 반도, 펑후 제도, 타이완을 할양할 것, 청나라는 배상금 2억 냥을 지불할 것 등이었다. 이로써 일본은 조선을 침략하는 정책을 본격적으로 실시하게 되었고 일본 사회는 청나라와 조선에 대한 우월감이 확산되었다. 한편 아시아의 세계 각국으로부터 아시아의 강대국 중의 하나로 인정을 받는 등 국제적 지위가 향상되고 일본은 제국주의체제로 들어서게 되었다.

### 러일전쟁

청일전쟁에서 승리한 일본은 한반도 조선에서의 주도권을 확립하고 이익을 독점하기 위해 러시아와의 전쟁을 선택하였다. 러시아는 청일전쟁 이후 조선에서의 영향력을 조금씩 확대해 나가기 시작하였고, 청나라에 대한 이익도 확대하기 시작하였다. 뤼순(旅順, 여순)에 해군기지를 건설하고 철도 부설권을 획득하여 이를 보호한다는 구실로 군사를 파견하여 만주를 지배하였다. 일본은 한반도에서의 이익 독점에 방해가 될 것이라고 우려하여 러시아에 대해 만주에서의 주도권을 인정해 주는 대신에 한반도에서의 주도권을 인정해 달라는 제안을 하지만 러시아는 북위 39도선 이북을 중립지역을 설정하고 한반도를 군사적 활용하는 것을 불가하게 하는 것을 역 제안하였다. 일본은 러시아와의 협상을 중지하고 전쟁준비에 돌입하여 선전포고 없이 뤼순의 러시아 함대와 제물포(현재 인천)에 정박한 러시아 전함을 공격하였다. 러시아와 일본은 만주 남부와 한반도의 근해 등지에서 전투를 하였고 러시아의 군함을 감시하기 위해 동해의 울릉도와 독도에 군사용 망루를 설치하려고 독도를 시마네(島根)현에 다케시마(竹島)라는 이름으로 편입하였다. 일본은 전 군사력을 동원하고 러시아는 중요 군사력인 발트함대까지 동원하여 전투를 벌였지만 전쟁은 교착상태에 이르고 물자가 부족해지고 재정적으로 곤란을 겪게 된 일본은 미국에게 전쟁 종결을 알선해 줄 것을 요구하였다.

미국의 알선으로 러시아와 일본은 1905년 포츠머스(Portsmouth)에서 강화조약을 체결하였다. 이로써 러시아는 일본이 조선에서의 정치 군사 경제적 우월권을 인정하고 조선을 지도 보호 감독한 조치를 할 수 있다고 승인한다. 또한 러시아는 청나라의 승인을 얻어 뤼순·다롄

(大連, 대련) 조차권, 창춘(長春, 장춘)과 뤼순 간의 철도 등을 일본에 양도하며 일본이 러시아에게 배상금을 요구하지 않는다는 것을 조건으로 남부 사할린섬과 부속도서를 일본에게 양도하였다.

러일전쟁(露日)의 결과 일본은 러시아로부터도 한반도 조선의 지배를 인정받게 되었다. 일본은 러일전쟁 중에 한반도에 각종 조약 등을 강요하여 한반도를 식민지화하는 제국주의 정책을 진행하였다.

### 한반도 침략

일본 제국주의 팽창 정책의 첫 번째 실행 장소는 한반도였다. 이미 조선침략론을 통하여 한반도 침략의 야욕을 드러낸 일본은 서구형 국가의 형태를 갖추고 나서 한반도에 대한 제국주의적 침략을 치밀하게 계획하였다. 메이지 시대 초기에 일본의 외무성은 교섭을 명목으로 조선을 탐색하기 위해 관리를 부산에 파견하였고 외무성 관리는 조선의 대원군이 정권을 잡기 이전에 군함 등을 동원하여 시위할 것을 건의하였다. 외무성은 군함 운요(雲揚)호를 부산에 파견하여 시위하게 하고 해군성은 비밀리에 운요호 선장에게 한반도 서해와 중국과의 해로를 연구할 것을 지시하였다. 운요호는 강화도 근해를 측량을 구실로 조선의 동태를 살피다가 물을 구한다는 명분으로 부속선을 상륙시켜 포대에 접근하자 조선이 이에 포격을 가하는 사태가 발생하였다. 이를 계기로 조선과 일본 사이에 교전이 벌어졌고 일본은 우세한 무기를 바탕으로 강화도의 초지진 등을 파괴하고 방화, 살인, 약탈을 자행하였다. 일본은 무력충돌의 책임을 조선으로 돌리고 배상을 요구하면서 개항을 요구하였다.

일본 정부가 군함을 이끌고 강화도에 도착하여 위협을 하며 개항을 요구하자 조선은 이에 응하여 1876년 조일수호조규(朝日修好條規: 강화도조약)를 체결하였다. 일본은 이 조약을 통하여 조선과 청나라와의 관계를 정리하고자 조선이 자주국이라는 것을 명문화하여 한반도 조선을 침략하는 데 청나라의 간섭을 제거하고자 하였다. 러일전쟁이 발발하자 중립을 선언한 대한제국 정부에 대해 일본은 군대를 동원하여 위협을 가하는 가운데 한반도에 일본이 필요한 군사전략상 필요한 지역을 임시로 수용할 수 있게 하는 한일의정서를 1904년 강제로 체결하게 하였다. 이어서 한일 외국인 고문 용빙에 관한 협정서(韓日外國人顧問傭聘에 관한 協定)라고 불리는 제1차 한일협약을 체결하였다. 일본 정부가 추천하는 일본인을 대한제국 정부의 재정고문으로, 일본 정부가 추천하는 외국인을 외무고문으로 할 것과 대한제국이 외국과 조약을 체결하거나 기타 중요한 외교안건을 일본 정부와 상의할 것을 협약의 내용으로 하고 있다. 일본은 일본 정부는 자신들이 추천하는 고문을 통하여 대한제국의 내정과 외교에 개입하였다.

러일전쟁이 끝나고 일본의 내각총리대신 가쓰라 다로와 미국 육군 장관 윌리엄 하워드 태프트(William Howard Taft)가 비밀리에 체결한 가쓰라-태프트 밀약에 따라 한반도 침략을 승인받은 일본은 노골적으로 한반도를 침탈하였다. 1905년 일본은 대한제국에 을사늑약을 강압적으로 체결하게 하였다. 그 내용을 보면, 대한제국의 외국과의 관계 및 사무를 일본의 외무성이 감리·지휘하고, 일본 정부는 대한제국이 외국과 맺은 조약 실행을 책임지며 대한제국은 일본을 거치지 않고는 외국과의 조약을 맺지 않으며 이러한 사항은 일본 정부의 통감을 통하여 관리한다는 등으로 일본은 대한제국의 외교권을 박탈하였다.

그 이후 한반도에는 통감부가 설치되고 대한제국을 보호국으로 하고 식민지화하려는 일본 제국주의 팽창 정책이 시행되었다.

## 3. 다이쇼(大正) 데모크라시(Democracy)와 정치

절대적인 권력을 행사하던 번벌 세력은 언론과 정당 정치를 주장하는 세력에 의해 비판과 견제를 받았다. 결국 정당이 정치를 주도해야 한다는 주장은 의회에서 주도권을 잡고 번벌의 전횡을 타파해야 한다는 여론의 지지를 받아 정당내각을 구성하였다. 민중들의 의식도 높아져 정치적 혼란으로 인해 발생한 생활의 어려움에 대해 저항하였고 노동자들은 자신들의 권익을 구현하기 위해 노동조합 등의 조직을 만들어 조직적인 파업을 실행하였다. 이 시기는 정치를 비롯하여 사회문화 등 다양한 분야에서 민주주의적·자유주의적 경향이 민중의 의식을 고향시켰으며 그 영향으로 정당정치가 발달하고 민중들은 자신들의 의사를 적극적으로 표시하였다. 러일전쟁 이후부터 1920년대 후반(다이쇼 말기)까지의 이러한 일본 사회의 흐름을 다이쇼 데모크라시(大正 Democracy)라고 한다.

### 초연(超然)주의와 정당내각

번벌 세력인 구로다 기요타카 수상은 대일본제국헌법일을 발포한 다음날 '정부는 항상 일정한 방향을 갖고 초연하게 정당 밖에서 있을 방침'을 지방의 부현지사들 앞에서 밝혔다. 번벌과 관료들로 이루어진 내각은 내각을 의회와 정당에 제약을 받지 않고 국정을 운영해야한다는 초연주의에 입각한 내각을 주장하였다. 초연주의를 주장하는 번벌 세력은 정당의 분열을 획책하고 의원을 매수하여 의회에서 예산안의 통과시켰으며, 번벌 세력을 비판하는 정당의 후보가 의회에 진출하지 못하게 하기 위해 각종 선거간섭 행위를 저질렀다. 번벌내각이 지지하는 후보를 옹립하여 이들에게 자금을 제공하였으며 경찰을 통하여 자신들을 비판하는 세력의 선거운동을 과도하게 규제하고 개표 부정을 저질렀다. 번벌 세력의 이러한 행위로 의회는 원활하게 운영되지 않았고 반발하는 여론이 형성되었다.

초연주의에 입각하여 번벌 세력 중심의 내각의 한계를 인식하고 국가의 정책을 원활하게 하기 위해 정당의 협조가 필요하다는 것이 절실하다고 생각한 이토 히로부미는 1892년 제2차 이토 히로부미 내각을 출범하면서 중의원의 제1당인 자유당(自由黨, 지유토)과 연계하여 연립내각을 형성하였다. 그리고 1989년 출범한 일본 최초의 정당내각이라고 할 수 있는 헌정당(憲政黨) 오쿠마 시게노부를 수상으로 하는 내각을 지지하였다. 오쿠마 시게노부 내각은 육군대신과 해군대신을 제외하고 헌정당원으로 구성된 정당내각이었다. 그렇지만 아직 사회적으로 정당에 대한 충분한 신뢰가 형성되어 있지 않았고 헌정당 내부의 분열 등으로 단기 정권으로 끝났다.

1900년 이토 히로부미는 스스로 입헌정우회(立憲政友會)라는 정당을 결성하여 헌정딩의 구 자유당계 의원과 귀족원 의원과 관료 일부, 지방 유력자 등이 합류하였다. 입헌정우회 총재이자 원로인 이토 히로부미는 제4차 이토 히로부미 내각을 출범시켰다. 제4차 이토 히로부미 내각은 외무대신, 육군대신, 해군대신을 제외하고는 입헌정우회 원으로 구성되었다.

1905년에는 러일전쟁을 종결하는 강화조약에 반대하던 사회운동 은 번벌 관료 세력이 중심이 된 내각인 가쓰라 다로 내각 타도로 이어 지면서 정당 세력이 중심이 된 사이온지 긴모치 내각의 출범으로 이 어졌다. 번벌 관료세력 중심 내각과 정당 세력 중심 내각이 교대로 정권을 담당하는 시대가 시작되었다. 1912년 제2차 사이온지 긴모치 내각은 육군의 사단 증설을 요구하는 육군대신이 자신의 주장이 관철 되지 않자 사임을 하면서 내각은 붕괴되고 제3차 가쓰라 다로 내각이 수립되었다. 제3차 가쓰라 다로 내각은 천황을 이용하였다. 천황으로 하여금 내각의 수립을 위해 입헌정우회의 협조와 해군대신은 유임하 라는 명령을 내리게 하였다. 이에 여론은 관료 세력이 중심이 된 가쓰 라 내각이 출범하게 된 것은 천황의 명령을 남용한 비(非)헌법적인 행 동이라고 비판하면서 헌정옹호운동(憲政擁護運動)을 전개하였고 제3 차 가쓰라 다로 내각은 사퇴하였다〔다이쇼 정변, 제1차 헌정옹호운동〕.

번벌이 아니면서 수상이 된 인물은 하라 다카시(原敬)이다. 1918년 입헌정우회 총재 하라 다카시는 중의원의원으로 수상이 되어 내각을 출범시켰다. 육군대신, 해군대신, 외무대신을 제외한 국무대신을 입 헌정우회 당원으로 임명함으로써 일본 최초의 본격적인 정당내각을 수립하였다. 수상 추천 권한을 갖고 있던 번벌 세력의 원로 야마가타 아리토모가 초연주의를 내세우며 번벌인 데라우치 마사타케(寺內正 毅)를 수상으로 하였지만 의회에서 입헌정우회의 협조를 받지 못하고 원활한 정책 수행을 하지 못하자 입헌정우회 총재인 하라 다카시를 수상으로 추천하였다. 이로써 번벌 내각 시대에서 본격적인 정당 내각시대가 시작되었다.

　하라 다카시의 암살기도 사건으로 하라 다카시 내각이 사퇴를 한 이후, 정당과 관련이 없는 해군 출신 가토 도모사부로(加藤友三郎), 야마모토 곤노효에(山本權兵衛) 수상에 이어 귀족원 의장인 기요우라 게이고(淸浦奎吾)가 수상으로 임명되어 귀족원 기반의 내각이 수립되었다. 입헌정우회, 헌정회, 혁신구락부(革新俱樂部)는 호헌3파를 결성하여 초연주의에 입각한 내각을 타도하고 헌법을 옹호하자는 운동을 전개하였다[제2차 헌정옹호운동]. 호헌3파는 선거에서 승리를 거둔 후 헌정회 총재 가토 다카아키(加藤高明) 내각이 출범하여 이후에는 정당이 중심이 된 내각이 이어졌다. 정당 내각은 육군을 축소하고 귀족원을 개혁하는 등의 개혁 정책을 시행하였고 중의원 선거 자격에서 납세 요건을 폐지하는 남자 보통선거를 실현하였다.


## 민중의식의 발달과 사회운동

　일본에서 본격적인 자본주의가 전개된 것은 메이지유신 이후이다. 이 시기 이미 자본주의 단계를 거쳐 제국주의 단계에 들어선 서구 유럽에 비해 후진자본주의라고 할 수 있다. 일본의 자본주의 발달은 정부가 정책적으로 유도하고 촉진하였으며 보호와 간섭하면서 빠른 속도로 이루어졌다. 급속한 자본주의 발전과 모순은 1918년 쌀 소동으로 표출되었다. 제1차 세계대전 중 일본의 해외 수출이 급증하면서 일본 사회 내에서는 인플레이션이 진행되어 근로자의 실질임금은 저하되는 가운데 1917년 제1차 세계대전이 시작되면서 쌀 가격이 급등하기 시작하여 1918년 쌀값이 폭등을 하였다. 자본주의가 빠른 속도로 진행되면서 농촌 인구는 급속하게 감소하여 쌀 증산을 통한 쌀값 통제는 기대하기 어려웠다. 한편 지주와 대규모 미곡 상회는 매점매석을 하면서 이익을 독점하려 하였고 일본 정부는 이에 대한 적절한 대책을 수립하지 못하고 있었다. 특히 1918년 시베리아 출병이 결정되면서 쌀값은 50% 이상 폭등하였다. 도야마(富山)현에서 쌀의 반출금지와 쌀을 싸게 판매할 것을 요구하는 저항운동을 시작으로 교토, 나고야(名古屋) 등지로 민중들의 저항운동은 확산되었다. 다른 지방의 소도시와 탄광지역 등에서 이에 호응하여 저항운동이 일어났다. 당시의 민주주의적 자유주의적 사회 분위기로 민중의 권리의식이 고양된 결과 저항운동은 전국에서 전개되었다.

일본 자본주의의 발달에 따라 노동자들의 저항도 끊임없이 이어졌다. 노동 조건의 악화 반대를 요구하며 1884년 야마나시(山梨)현의 제사(製絲)공장에서 파업이 발생하였고 청일전쟁 중에는 탄광·금속광산 등지에서 폭동을 동반한 저항운동도 일어났다. 청일전쟁 이후에는 쟁의 발생 수가 증가하여 1898년 일본철도 기관사들과 1911년에는 도쿄시전(市電) 노동자들이 처우개선과 일방적 해고 반대 등을 요구하는 파업이 일어나 사회적 관심을 불러일으켰다.

노동자들은 조합을 결성하여 노동운동을 전개하여 1897년 일본 최초의 근대적 노동자 조직으로 노동조합기성회를 결성하였지만 1900년 정부는 치안경찰법을 제정하여 노동조합 결성 자체를 처벌 대상으로 하였다. 결국 노동조합기성회는 1901년 해산되고 러일전쟁 이후 일본 자본주의화가 본격화하면서 빈번하게 발생하는 노동쟁의는 노동조합이 없는 가운데 진행되었다. 1907년에는 전국에서 150여 건의 쟁의가 일어났고 광산, 중공업 관계 대기업 등에서 발생한 쟁의에 대해서는 정부가 군대를 동원하기도 하였다. 1912년 노동자들은 상호부조 조직으로 우애회(友愛會)를 조직하자 제1차 세계대전으로 인한 호경기로 금속·기계 등 중공업이 발달하고 여기에 종사하는 노동자들이 대거 가입하였다. 우애회는 일본노동총동맹(日本勞働總同盟)으로 이름을 바꾸어 1921년 고베에 있는 가와사키(川崎) 조선소 등에서 전전 최대 규모의 노동운동을 지도하였다. 한편 중소기업 등에서도 노동운동이 조직화하기 시작하여 정부와 경영자들이 노동조합을 무시하기 어려운 상황이 되었다. 그런 가운데 한편으로는 정부와 경영자에게 협조를 하는 세력도 존재하여 1925년 일본총동맹은 좌파와 우파로 분열되었다. 좌파는 일본노동조합평의회(日本勞働組合評議會)를 조직하여 1926년 하마마쓰(浜松)일본악기 쟁의를 지도하였다. 우파의 일본총동맹도 1927년 발생한 전전 최장기간 파업인 노다쇼유(野田醬油) 쟁의를 지도하였다.

## 제2절. 군국주의와 전쟁

### 1. 군국주의 체제 수립

1914년부터 시작된 제1차 세계대전을 계기로 일본은 제국주의 팽창정책에 본격적으로 참여하였다. 제1차 세계대전에서 연합국 측에 참전하여 전쟁의 승전국이 되면서 일본은 제1차 세계대전을 종결하는 파리강화조약에 참가하였고 제1차 세계대전 이후 결성된 국제연맹의 상임이사국이 되면서 국제적 열강 대열에 합류하였을 뿐만 아니라 패전국이 된 독일이 중국에서 갖고 있던 권익을 차지하였다. 또한 전쟁에서의 승리를 배경으로 중국에서의 노골적인 권익 확대를 시도 하였다〔대중국 21개조 요구〕. 이어서 연합국과 함께 러시아 혁명에 간 섭하는 시베리아 출병에도 참가하면서 군대의 철수 시기 등을 지연하 는 등 본격적인 제국주의적 팽창정책을 추구하였기 때문에 다른 연합 국들의 경계를 야기하였다. 제1차 세계대전 이후 확대되는 군비 경쟁 을 억제하기 위해 연합국들은 군축조약을 체결하였고 이를 통해 일본 의 군비확대를 견제하였다〔워싱턴조약, 런던해군군축조약〕. 연합국의 견 제에 대해 일본 정부는 군부의 반발을 무릅쓰고 군축 조항을 받아들 였지만 이를 통해 국제적인 지위를 인정받는 결과가 되었다.

한편 일본 국내에서는 제1차 세계대전을 겪으면서 적지 않은 사회 변화가 일어났다. 제1차 세계대전 중에는 연합국 측에 대한 수출 증가 등으로 경기 호황을 누리면서 경제가 팽창하고 노동자가 증가하는 등 사회경제 구조가 변화하였다. 그렇지만 제1차 세계대전이 종결된 이 후 세계 경제는 불황에 직면하게 되고 일본 경제도 그 영향으로 경제 가 어려워지고 사회가 불안정하게 되었다. 다이쇼 데모크라시의 영향 을 받은 민중들과 노동자층이 자신들의 불만을 조직적이고 거세게 사 회에 표출하였다.

군부를 비롯한 군국주의 세력은 이러한 일본 사회의 불안정한 상황 을 대륙 침략 등으로 해결하려 하였다. 만주에 주둔해 있던 관동군(關 東軍) 세력 등은 사건을 조작하여 전쟁을 일으키고 만주를 침략하는 만주사변을 비롯하여 중국 대륙에 대한 침략 전쟁을 일으켰다. 국내 에서는 군의 행동을 지지하는 군부의 압력을 이기지 못하고 정당이 중심이 된 일본 정부는 군의 행동을 사후적으로 인정하는 정책을 시

행하였다. 또한 군부 내의 강경파를 중심으로 한 군국주의 세력이 정
당정치 등 민주적 흐름을 부정하는 쿠데타 사건을 연이어 일으키면서
일본 정치에 위협을 가했다. 결국 제국주의 팽창정책에 뜻을 같이하
고 있던 주요 정당 세력도 군부의 압력을 이기지 못하고 일본 정치의
주도권을 군부에 넘겨주게 되었다.

## 제국주의 전쟁 참여

1914년에 유럽에서는 제1차 세계대전이 발발하여 독일제국·오스
트리아헝가리제국 등의 중앙동맹국을 중심으로 한 세력과 영국, 프랑
스, 러시아 등의 연합국을 중심으로 한 세력 간에 전투가 진행되었다.
유럽을 전장으로 한 전쟁은 동아시아 지역과 태평양 지역에도 영향을
미쳤다. 영국이 동맹관계를 맺고 있던 일본에게 참전을 요청하자 당
시 수상인 오쿠마 시게노부는 어전회의와 의회 승인을 거치지 않고
긴급 각의의 요청에 따라 참전을 결정하였다. 전례를 무시하고 전쟁
당사자인 군 통수부와 절충을 하지 않은 상태에서의 결정은 정당내각
을 중심으로 한 정부와 군부의 관계 악화의 소지를 갖고 있었다. 일본
정부는 유럽의 제국주의 국가들이 유럽에서의 전쟁에 집중하는 틈을
타서 아시아에서의 권익 확대를 꾀하였다. 1914년 8월 일본은 독일에
선전포고를 하면서 중국에서 독일 조차 지역인 칭다오(青島)와 적도
이북의 독일령 남태평양 섬들을 점령하였다. 한편 전쟁에서의 우위를
배경으로 1915년 일본은 중화민국 총통 위안스카이(袁世凱)에게 21개
조의 요구사항은 제시하였다. 21개조의 내용은 '독일이 갖고 있던 산
둥(山東) 반도의 권리를 일본에게 이양', '일본이 갖고 있던 만주 남부

의 이권을 확장 강화', '일본인에 의한 철도 광산 경영 인정', '다른 나라에 대해 중국 연안이나 도시를 할양하지 않는다.'는 것으로 하여 중국에 강한 압력을 가했다. 중국의 거센 반발과 영국과 미국이 항의 하였지만 결국 중국은 일본의 압력에 굴복하였고 이를 계기로 중국 내에서는 강한 반일 감정 고조와 반일 운동이 전개되었다. 또한 지중 해와 미국 서해안에 함정을 파견하는 등 전쟁에 적극 참여한 일본은 1917년 연합국 측과 비밀조약을 체결하여 전쟁 이후 중국의 산둥 반 도와 태평양 적도 이북의 독일령 남태평양 섬들에서의 독일의 권익을 계승한다는 약속을 받아내었다.

　제1차 세계대전 중인 1917년 연합국의 일원이었던 러시아에서 볼 셰비키 혁명이 발생하여 소비에트 연방이 탄생하고 1918년 독일과의 단독 강화를 체결하였다. 미국·영국·프랑스·일본 4개국은 포로로 남 아 있던 체코 군인을 구원한다는 명목으로 소비에트 연방에 출병을 단행하고 반혁명 세력을 지원하는 등 러시아혁명에 간섭하였다. 일본 은 러시아혁명을 간섭하는 공동 군사행동의 중심세력이 되어 1918년 출병하였다〔시베리아 출병〕. 4개국의 군대는 소비에트 연방 주민들의 게릴라식 투쟁과 반혁명 세력의 패배로 러시아혁명 간섭전쟁의 실패 가 명확하게 되자 영국·미국·프랑스 3개국은 철군을 하였다. 그렇지 만 일본은 출병 초기부터 협정을 위반한 대규모 병력을 파견하였고 3개국이 철군을 한 이후에도 일본은 군대를 철군하지 않았다. 당시 일본은 러시아로부터의 위협을 제거하고 만주 북부에서 시베리아에 이르는 지역에 일본 세력권을 확립해야 한다는 주장과 함께 연해주 남부에 병력을 결집시켜 만주와 조선에 혁명이 파급되는 것을 차단한 다는 정치적 목적이 존재하였다. 일본군의 소비에트 연방 주둔은

1922년 소비에트 연방의 거센 저항과 국내 비판 여론의 고조로 인해 북사할린을 제외한 지역으로부터 철군하기 시작하여 완전하게 철군한 것은 1925년이다.

제1차 세계대전 이후 제국주의 팽창은 미국과 영국, 일본 간에는 해군 확장 경쟁을 격화시켰다. 특히 연합국은 시베리아에 출병 등에서 보여준 일본의 행동을 경계하였다. 연합국은 군비 경쟁에 따른 국가 재정의 압박이 심해지자 각국이 현재 보유하고 있는 군사력을 기준으로 해군력을 제한하면서 일본을 견제하였다. 1921년 워싱턴에 모인 미국, 영국, 프랑스, 이탈리아, 일본은 1922년 각국 해군의 주력함 총 톤 수의 비율을 제한하여 일본은 미국의 60%로 결정하였다〔워싱턴해군군축조약〕. 일본의 해군 강경파는 굴욕적이라고 하여 반발하였지만 일본 정부와 해군 수뇌부는 해군 경쟁에 의한 국가 재정 파탄을 우려해 연합국의 제안을 수락하였다.

1930년에는 워싱턴해군군축조약에서 합의하지 못한 보조함을 포함한 군축조약이 런던에서 체결되었다. 일본의 보조함 전체의 보유 비율이 대개 미국의 60.975%로 제한되어 일본 정부의 요구 비율인 70%에는 이르지 못했다〔런던해군군축조약〕. 이를 둘러싸고 일본 국내에서는 치열한 논쟁과 분열이 발생하여 테러 사건으로 이어졌다. 일본이 국제적으로 군축조약에 참여하였다는 것은 집단안전보장과 군축으로 전쟁을 예방하는 것을 목적으로 조직된 국제연맹의 상임이사국이 된 것과 더불어 국제질서를 논의하는 주요 국가가 되었다는 것을 의미하였다.

그렇지만 한편으로 일본의 제국주의적 팽창 정책은 중국을 침략하는 것으로 본격화하였다. 1927년과 1928년에 걸쳐 일본 정부는 중국 국민당 정부가 북쪽의 군벌 세력을 진압하는 북벌 과정에서 중국 산둥 반도 칭다오 등지에 거주하는 일본인들을 보호한다는 명목으로 군대를 파견하였다〔산둥 침략〕. 명목은 일본인 보호였지만 북벌군과 악화된 반일 감정에 대한 응징의 성격이 강했다. 일본은 자신들이 지원하는 군벌이 중국의 정권을 수립하고 중국 대륙에서의 권익을 확보하는 것이었다. 일본은 자신들이 지원하는 펑톈(奉天) 군벌 장쭤린(張作霖)이 장제스(蔣芥石)의 국민혁명군에 패배가 예상되자 장쭤린을 제거하여 새로운 정권을 수립하고자 하였다. 1928년 관동군의 참모 등이 모의하여 장쭤린이 탑승한 열차를 폭파하여 살해하고 국민혁명군이 한 것처럼 조작한 장쭤린 폭사 사건을 일으켰다. 이러한 일본의 의도는 장쭤린의 후계자 장쉐량(張學良)이 반일로 돌아서고 장제스와 화해하고 만주 지역에 일본 남만주철도에 대항하는 평행선을 건설하여 일본의 철도의 경영을 파탄시키는 결과를 가져왔다. 장제스도 일본인의 통지와 광업권 취득을 제한하여 일본 기업 경영은 부진의 늪에 빠지게 되었다. 일본 국내에서도 세계적인 경제 공황의 영향으로 경제적 위기 상황을 맞이하여 사회적 불안은 매우 심각하였다. 이러한 국내외 상황은 일본 군부를 자극하였다.

일본군은 만주에서 의도적인 군사적 충돌을 모의하였다. 1930년 관동군은 류탸오후(柳條湖) 남만주철도를 폭발한 후 중국군의 소행이라고 조작하여 군사행동을 개시하였다〔만주사변〕. 관동군은 중국의 병영을 기습하고 펑톈성을 습격하는 등 만주 문제를 무력으로 해결하고자 만주를 점령하는 계획을 수립하였다. 일본 정부의 각의는 사건의 불확대 방침을 결정하였지만 조선에 주둔해 있던 조선군 사령관이 독단으로 국경을 넘어가자 군부가 정부에 이를 승인할 것을 강력하게 압박하였고 결국 일본 정부는 경비 지출과 조선 주둔군의 출병을 승인하였다.

중국은 즉각 국제연맹에 이를 제소하였고 국제연맹은 일본군의 철수를 결의하였지만 관동군은 장쉐량이 임시정부로 정한 진저우(錦州)를 폭격하고 중국 동북성의 주요 도시와 철도 연변을 군사적으로 점령하였다. 한편 중국 국내에서는 반일운동이 전국적으로 일어나고 일본 화폐의 사용거부운동 등 반일행동을 전개하여 일본의 중국 수출은 커다란 타격을 입게 되었다. 특히 상하이에서는 항일운동 조직이 결성되는 등 항일운동의 중심지역이 되었다. 일본군은 중국인의 항일운동을 탄압하고 국제적인 여론이 좋지 못한 만주사변으로부터 이목을 돌리고자 상하이에서 중국인을 매수하여 일본인 승려를 암살하는 사건을 조작하여, 이를 구실로 중국군을 공격하였다. 일본은 조작된 사건을 빌미로 중국에 항의하였고 중국이 이를 받아들여 진정되었지만 일본 해군은 육전대를 배치하여 중국군대과 대치하였다[상하이사변]. 상하이는 중국의 주요 무역항으로 각국의 권익이 교차하는 곳이기 때문에 영국·미국·프랑스의 압력과 국제연맹의 개입을 우려한 일본은 국제연맹 총회 직전 철군하였다.

상하이사변이 발생한 틈을 타 관동군은 괴뢰국인 만주국을 설립하였다. 청나라 폐위 황제 푸이(傅儀)를 집정으로 창춘(長春)을 수도로 하였다. 만주국은 일본인이 국가 기관의 주요 직책을 차지하고 관동군 사령관이 만주국을 지도하는 등 관동군이 군사 행정 전반에 대한 실질적 권한을 녹섬하는 일본의 괴뢰국이었다. 일본은 만주국을 총력전을 위한 군수자원의 공급지로 생각하였고, 소련과의 전쟁에 대비하여 군사 우선의 경제개발과 강력한 경제 통제 정책을 실시하였다.

만주사변에 이어 만주국 설립에 대해 중국은 반발하였고 만주국 설립의 무효와 일본군의 철수를 요구하며 국제연맹에서 이를 처리할 것을 요구하며 국제연맹에 제소하였다. 국제연맹은 리튼(Lytton)을 단장으로 하는 조사단을 파견하였다. 리튼의 조사보고서는 일본의 행위를 침략행위로 규정하고 일본군의 만주에서의 철수를 권고하였다. 이 보고서는 1933년 국제연맹 총회에서 가결되었지만 일본은 국제연맹 탈퇴를 표명한 후 회의장에서 퇴장하였다. 일본은 국제연맹 탈퇴로 국제적으로는 고립되었고 국내적으로는 어려운 경제 상황을 타개하는 대책으로 군부가 주도한 만주 침략과 만주국 건설이 지지를 받으며 이에 반대하는 세력에 폭력을 휘두르는 등 언론의 자유와 정치활동이 위축되었다.

### 군부의 정치화

청일전쟁과 러일전쟁에 이어 제1차 세계대전을 거치면서 일본 국내의 정치적 위상을 강화한 군부는 정당정치의 발전에 부정적인 생각을 갖고 있었으며 정당내각을 붕괴시키는 일까지 서슴지 않았다. 특히 대일본제국헌법에서 정부 각 성의 책임자인 대신이 천황을 직접 단독으로 보필하게 되어 있어 육군성과 해군성의 대신은 총리대신이 아닌 천황에게 책임을 지는 위치에 있었다. 국내외 정치적 상황을 고려하면서 정부를 운영하는 총리대신과는 달리 군부는 자신들의 독자적인 의견을 주장하면서 정부 운영에 참여하였으며 때로는 자신들의 주장을 관철시키기 위해 대신의 추천을 거부하여 내각 출범을 방해하기도 하였다.

1920년대 중반 이후 세계적인 경제 공황의 영향으로 일본의 경제가 어려운 가운데 사회주의자들이 중심이 된 노동운동 등이 격화하여 사회가 불안정하였다. 육군과 해군의 청년 장교들을 비롯한 우익 세력은 정당내각은 이를 수습할 능력이 없다고 생각하면서 국가 개조를 주장하였다. 이들은 기존의 군벌, 재벌, 관료, 정당정치인 등의 특권세력을 타도하고 대외적으로는 군비 확장을 통한 중국 대륙 침략을 주장하였다. 국가 개조 주장에 이론적 토대를 제공한 것은 기타잇키(北一輝)의 『일본개조법안대강(日本改造法安大綱)』이라는 국가주의 이론서이다. 기타잇키는 제1차 세계대전 이후 격동하는 세계정세에 대처하기 위해 천황의 대권을 발동하여 국가를 개조할 것을 주장하고 '좌익혁명에 대항하고 우익적 국가주의 국가 개조가 필요하다'고 하였다.

제1차 세계대전 중의 호황을 배경을 군비를 착실하게 확장하고 있던 군부는 제1차 세계대전 이후의 군축이 세계적인 대세가 되고 워싱턴해군군축조약과 런던해군군축조약에서 일본의 해군 규모가 제약을 받자 크게 반발하였다. 런던해군군축조약의 비준 과정에서는 정부가 군의 동의 없이 군사 규모를 결정하는 조약에 동의한 것이 헌법에 위반된다는 논란이 일어났다[統帥權干犯問題, 통수권간범문제]. 당시 야당인 입헌정우회 총재는 병력의 규모를 결정하는 것은 통수권에 해당하는 것으로 천황의 대권 중의 하나이며 관습적으로 국무대신이 아닌 육군참모총장이나 해군 군사령부총장이 보필하게 되어있다고 하였다. 이를 둘러싸고 해군 내부에서도 조약 체결에 동의하는 조약파와 반대하는 함대파로 분열되었고 우익은 런던해군군축조약을 지지하는 세력을 테러 등을 포함한 정치적 공격의 대상으로 삼았다. 1931년 3월 시데하라 기주로(幣原喜重郎) 수상 대리는 중의원에서 런던해군군축조약을 천황이 승인한 것이라고 하며 야당과 우익 세력의 비판을 잠재우려 하자 육군 내의 비밀조직으로 국가 개조를 주장하는 사쿠라카이(櫻會)와 우익 세력은 육군대신을 수반으로 하는 군부 정권을 수립하려는 쿠데타를 일으켰으나 실패하는 3월 사건이 발생하였다. 같은 해 10월에는 군부가 일으킨 만주사변에 대해 정부가 불확대 방침을 결정하는 등 소극적인 태도를 보이자 사쿠라카이의 급진파는 이에 반발하여 쿠데타를 계획하였으나 중심인물의 사전 구속으로 미수에 그쳤다〔10월 사건〕. 이어 1932년 초에는 정계와 재계의 요인들을 암살하려던 혈맹단(血盟團) 사건이 발생하였다. 10월 사건의 실패 후 육군으로부터 이탈한 일부 세력은 스스로를 혈맹의 동지라고 하면서 독자적으로 쿠데타를 통한 새로운 내각 수립을 계획하였지만 계획의 사전 누설로 미수에 그쳤다〔혈맹단 사건〕.

1932년 5월 15일 해군을 중심으로 한 청년 장교들이 무장을 한 채 수상관저, 입헌정우회 본부, 경시청, 일본은행 등을 습격하는 5.15 사건이 발생하였다. 이 사건으로 이누카이 쓰요시(犬養毅) 수상이 암살되었지만 군부를 중심으로 한 내각을 수립하여 국가 개조의 물꼬를 트는 것을 목표로 한 쿠데타는 실패하였다. 그렇지만 이들이 주장하는 피폐한 농촌 구제와 대재벌 등의 부유층의 과도한 부의 축적과 이들을 보호하는 정당정치에 대한 비판은 사회에 매우 큰 충격을 주었다. 재벌들은 반성을 하는 모습을 보이고 농촌에 대한 구제사업을 시작하였다. 다른 한편으로는 군부의 발언권이 커지고 우익단체가 속출하였으며 출판계는 우경화하였고 국가개조운동에 대해 공감하는 국민들이 증가하였다. 또한 정당내각에 대한 반감으로 사이토 마코토(齋藤實) 해군 예비역 대장을 수상으로 하는 거국일치 내각이 수립되었다. 이로써 정당정치는 종지부를 찍고 1945년 일본이 패망할 때까지 정당내각은 부활하지 못했다.

사회의 우경화는 매우 급격하게 진행되었다. 1935년 귀족원에서는 헌법학자 미노베 다쓰키치(美濃部達吉)가 주장하는 천황기관설을 배격하는 움직임이 시작되었다. 천황기관설은 '통치권은 법인인 국가에 있고 천황은 그 최고기관으로 내각을 비롯한 다른 기관으로부터 보필을 받으면서 통치권을 행사한다.'는 설이다. 헌법학에서 통설이었던 이 내용은 군부의 영향력이 커지면서 국체에 어긋난다는 비판을 받았다. 천황기관설을 비판하는 주장은 '천황과 국가는 일체이고 통치권의 주체는 천황에게 있으며 의회는 천황의 입법권을 위한 협찬기관'이라는 것이다. 군부는 내각에 압력을 가해 '천황기관설은 국체를 훼손하는 것을 배제해야 한다.'는 국체명징(國體明徵) 성명을 발표하게 하였으며 원로·중신·정당 등의 기득권을 유지하려는 세력을 타도하는 운동으로 발전하였다.

천황이 국민을 직접 통치하는 것을 주장하는 육군의 청년 장교들은 1936년 2월 26일 수상 오카다 게이스케(岡田啓介)를 습격하고 육군대신에게는 국가 개조와 쇼와(昭和)유신을 단행할 것을 주장하였다. 쿠데타 세력은 현재 일본의 권력을 잡고 있는 원로와 중신 군벌 정당은 간적(奸賊)이며 이들을 제거하고 천황이 직접 국민과 연결하는 정치를 하는 쇼와유신을 단행하는 것을 목적으로 내세웠다. 천황은 쿠데타 세력에 의해 자신을 보좌하던 내대신(內大臣)이 암살되자 분노하며 반란으로 규정하고 진압을 명령하여 사건은 마무리되었다. 그렇지만 이 사건을 계기로 군부는 정치적 발언을 강화하기 시작하였다. 새롭게 출범한 히로타 고키(廣田弘毅)에 영향력을 행사하여 내각군부대신의 현역무관제를 부활시키고 군비 확장 예산을 성립하였다.

## 2. 제국주의 전쟁과 전쟁체제

만주지역을 점령하고 만주국을 세운 일본은 중국 대륙으로 세력을 팽창하는 정책을 지속적으로 추진하여 중국의 북부지역을 분리하는 공작을 비롯하여 괴뢰정부를 수립하고 이권을 독점하는 정책을 추진하였다. 1937년 루거우차우(蘆溝橋)에서의 중국군과의 충돌을 빌미로 일본은 중국에 군대를 증파하는 등의 노골적인 침략전쟁을 시작하였다. 중국은 국민당과 공산당의 내분을 잠시 멈추고 항일민족통일전선을 형성하여 일본의 침략에 대항하자 중국과 일본의 전쟁은 장기화하는 교착상태로 들어섰다. 일본이 중국에서의 이권을 독점하려 하자 이를 경계하던 미국과 유럽 국가는 일본의 중국에서의 철수를 주장하며 전쟁에 필요한 물품에 대한 대일수출 금지와 통상항해조약 등을 파기하며 일본에 타격을 주었다. 한편 유럽의 여러 국가는 독일과의 전쟁에 집중을 하여 동남아시아의 식민지에 대한 통치력이 약화되고 있었다. 일본은 이 틈을 타 동남아시아의 유럽식민지를 침략하여 한편으로는 미국 등으로부터 중국으로 지원되는 길목을 차단하고 다른 한편으로는 미국과 유럽 국가의 경제 제재로 조달이 어려운 자원을 확보하고자 하였다.

일본은 독일, 이탈리아 등과 동맹을 체결하여 미국을 비롯한 유럽의 국가와 대결하는 전선을 확립하였다. 결국 일본은 중국에서의 일본 철수를 강력하게 요구하는 미국과 전쟁을 개시하여 하와이 진주만의 기습 공격을 시작으로 태평양 지역에서의 전쟁이 전개되었다. 일본은 미국과 영국의 통치하에 있던 인도차이나 반도와 태평양 지역을 점령하면서 전선을 확대하였다. 미국이 강력하게 반격을 가하자 일본은 대응하지 못해 패배를 거듭하였고 일본 본토에 대한 공습과 원자폭탄 투하로 항복하였다. 아시아 지역에서의 제2차 세계대전은 일본이 중국을 침략하는 전쟁을 시작으로 미국을 포함한 국가들과의 전쟁인 태평양전쟁에 이르러 종결되었다. 일본은 전쟁을 위해 국내적으로 사회 혁신을 명목으로 한 사회운동과 정당의 해체를 비롯한 정치체제, 경제체제 등 사회 전 분야를 전쟁과 군사적 목적을 위해 편성하는 군국주의 체제를 강화하였다. 군부와 그 지지 세력은 전쟁이 장기화되고 국력을 초월하는 전쟁 비용 등이 필요하게 되자 사회의 모든 분야에 대한 통제 정책을 통해 최대한의 자원을 동원하였고 전쟁이 진행됨에 따라 그 강도는 점차 강해졌다.

### 제2차 세계대전

일본이 만주사변을 통하여 만주의 대부분 지역을 점령하고 괴뢰정부인 만주국을 세운 이후 중국군과 일본군 사이에는 소규모 전투가 이어졌다. 이에 중국의 국민정부는 일본에 정전을 요청하고 1933년 톈진의 외항인 탕구(塘沽)에서 정전협정이 체결되었다. 중국이 일본에 크게 양보한 이 협정은 만리장성 남쪽을 중립지역으로 설정하여 중국 국민정부가 실질적으로 만주국을 인정하며 만리장성이 경계가 되는 결과가 되었다. 일본은 이에 만족하지 않고 중립지역에 괴뢰정권을 수립하여 북부지역을 중국에서 분리하려는 공작을 추진하였다.

중국 전역에서는 반일 운동이 확대되는 가운데 일본은 중국 공산당이 북부지역에 진출한 것을 핑계로 군대를 증강시키는 등 침략의 야욕이 점차 노골화하였다. 한편 만주지역의 기반을 상실한 중국 동북군의 실력자 장쉐량은 중국 전역의 반일 여론을 배경으로 1936년 공산당 소탕작전을 독려하기 위해 시안의 자신의 사령부를 방문한 국민당의 장제스를 연금하여 공산당과의 내전을 중지하고 항일을 위한 항일민족통일전선 구축할 것을 주장하였다[시안 사건]. 이에 동의한 국민당과 공산당은 직접 교섭을 통해 항일구국의 방침을 결정하여 일본 침략에 대한 저항을 강화하였다.

한편으로 국민당은 일본에 대해 과거의 불편한 관계를 해소하고 평등한 입장에서 교섭을 진행할 것을 요구하는 움직임도 보였다. 일본 정부 내부에서도 중국의 북부지역을 분리하려는 정책에 대한 의문을 제기하고 소련과의 전쟁에 대비하여 중국과는 우호관계를 수립해야 한다는 주장도 존재하였다. 그렇지만 중국에 대해 강경한 입장을 갖고 있던 고노에 후미마로(近衛文麿)가 수상으로 임명되자 일본 정부의 중국에 대한 우호적인 분위기는 사라졌다.

1937년 베이징 근교 루거우차우에서 야간 훈련 중이던 일본군에게 실탄이 날아든 것을 계기로 중국군과 일본군은 전투가 시작되었지만 이틀 후에 정전협정이 체결되어 사건을 해결되는 듯이 보였다. 일본군은 참모부의 지시에 따라 중국에 사죄를 요구하였고 책임자를 처벌할 것과 루거우차우 부근의 중국군 주둔 금지 그리고 항일 단체의 단속을 주장하였고 이러한 내용을 바탕으로 협정이 조인되었다. 그러나 중국에 강경한 외교노선을 취하고 있던 고노에 후미마로 내각은 대규모 파병을 결정하고 만주 지역의 관동군도 남하를 개시하였다. 고노에 후미마로 내각은 대규모 파병으로 중국에 위압적인 모습을 보임으로써 중국의 사죄를 받아내고 앞으로 유사한 사건이 일어나지 않는다는 것을 보장받는다는 입장에 있었고, 관동군은 이 사건을 계기로 중국에 일격을 가해야 한다고 판단하였다. 중국은 자신들의 주권과 영토를 침해하는 데는 어떠한 해결책도 존재하지 않는다는 성명을 발표하는 등 강경한 태도를 취했다.

일본군은 베이징에서의 중국군의 철수를 요구하며 베이징과 톈진을 점령하자 중국의 장제스는 전면 항전을 결의하였다. 상하이에서는 중국군 관할 지역에 일본 해군의 육전대 장교가 난입을 시도하다 사살되는 사건이 발생하였다. 일본 정부는 이를 계기로 군대를 증파, 상하이에 상륙하여 전투를 벌였다. 고노에 후미마로 내각은 중국과의 전쟁을 지나사변(支那事變)으로 명명하며 중국과의 전쟁을 확대하였다. 일본군은 중국의 북부지역에서의 점령을 확대하였고 상하이를 고전 끝에 점령한 후 난징(南京, 남경)을 점령하였다. 난징을 점령하는 과정에서 일본군은 민간인들을 상대로 무차별적인 살육과 방화, 강간, 폭행 등을 자행하는 난징대학살 사건을 저질렀다. 일본은 병력을 증원하여 우한(武漢) · 광둥(廣東)을 점령하였지만 중국은 수도를 충칭(重慶)으로 옮기면서 항전하였고 점령지역에서도 게릴라 전술을 전개하여 지구전 전략을 구사하였다. 일본은 중국의 끈질긴 저항의 배후에는 미국을 비롯한 유럽의 지원이 있을 것이라고 판단하여 1939년 톈진의 영국 · 프랑스 조차 지역을 봉쇄하고 프랑스령 인도차이나를 침략하여 중국을 지원하는 통로를 차단하고자 1940년에는 동남아시아를 침략하는 남진정책을 결정하였다.

한편 미국은 일본이 중국의 무방비 상태에 있는 도시를 무차별적으

로 폭격하는 등의 침략 행위를 지속하자 이를 강력하게 규탄하며 일
본을 견제하고자 1939년 미일통상항해조약을 파기하였다. 전쟁 수행
과 점령지의 부흥정책을 위해 미국과의 무역이 반드시 필요했던 일본
에게 매우 큰 타격을 입혔다. 일본은 1940년 독일, 이탈리아와 실질적
으로 미국을 견제하는 삼국동맹을 체결하자 미국의 이에 반발하며 경
제 제재조치를 내렸다. 미국은 철 등에 대한 대일 수출 금지를 결정하
고 일본이 1941년 인도차이나의 프랑스 식민지 남부를 침략하자 석유
수출 금지 조치를 내렸다. 미국을 비롯한 유럽 국가의 일본에 대한
경제 제재는 전쟁 수행을 위한 물품 조달을 비롯한 일본 경제에 파괴
적인 영향을 미쳤다. 일본은 이를 타개하기 위해 미국과의 교섭을 추
진하였지만 교섭을 결렬되었다. 미국은 일본의 만주를 포함한 중국에
서의 완전한 철수를 주장하여 일본의 중국에서의 권익 독점을 근본적
으로 제거하려고 하였다. 그렇지만 일본의 군부는 중국으로부터의 철
수를 강력하게 반대하며 중국으로부터의 철수는 중국과의 전쟁 성과
를 훼손하는 것이고 만주국과 조선의 지배를 위험하게 만드는 것이라
고 주장하였다.

　1941년 천황이 주재하는 어전회의에서 미국과의 전쟁 계획이 승인
되고 미국의 하와이에 있는 해군기지를 기습하고 동남아시아의 영국
식민지 말레이 반도를 동시에 공격하면서 태평양에서의 전쟁이 시작
되었다. 일본군은 전쟁 초기 연속적으로 승리를 하였다. 영국 식민지
말레이시아 반도 일대, 홍콩, 미얀마, 네덜란드 식민지 동인도 지역,
미국의 식민지 필리핀, 괌, 웨이크를 점령하였고 1943년에는 오스트
레일리아를 공습하였다. 태평양에서의 전쟁 상황을 결정적으로 전환
한 것은 1942년부터 시작된 미국의 반격이었다. 1942년 6월 미드웨이

해전에서 일본군은 많은 수의 병력을 전투에 투입하였음에도 불구하고 미국의 해군기에 항공모함이 침몰당하면서 패배하여 태평양에서의 주도권은 미국이 차지하였다. 그 이후 미군은 일본이 점령하고 있던 남태평양 섬 상륙에 성공하고, 미국, 영국, 중국의 공세로 미얀마에서 일본을 패퇴시켰다. 1944년에는 필리핀에서 일본군을 패퇴시켰고 1945년에는 미군은 오키나와에 상륙하였다. 미국은 일본 본토를 공습할 수 있는 기지를 확보한 이후에 일본의 주요 도시를 공습하였다. 1943년 이탈리아가 항복하고 1945년 4월 독일이 패하여 파멸하자 연합국의 미국, 영국, 중국, 소련은 1945년 7월 포츠담에서 회담을 한 후 일본의 무조건 항복을 권고하는 포츠담선언을 채택하였다. 일본의 군부는 포츠담선언을 묵살하며 본토 사수를 위한 성전을 주장하며 결사적인 항전 방침을 결정하였지만 소련의 참전과 두 차례에 걸친 원자폭탄 투하로 1945년 천황 주재의 어전회의에서 국체수호를 조건으로 포츠담선언을 수락하기로 결정하였다. 일본의 항복은 8월 15일 방송을 통해 이를 국민에게 알렸고 공식적인 항복문서 조인은 1945년 9월 미군의 미주리함에서 이루어졌다.

### 전쟁체제

수차례에 걸친 군부 쿠데타 시도와 테러 사건으로 군부는 발언권을 키우면서 내각에 압력을 가해 군비를 대규모 확장하여 침략전쟁을 확대하려 하였고 정치, 사회, 경제의 모든 부분에서 준 전쟁체제를 수립하려 하였다. 1936년 2.26 사건 이후 군부는 히로타 고키 내각을 압박하여 '시정일신', '광의국방'을 앞세운 대규모 군비 확장과 사회적으로는 '국방 충실', '교육 쇄신', '세제 정비', '국민생활 안정', '산업 진흥', '무역 신장'을 비롯한 행정기구 정비를 위한 중요한 시책을 추진할 것을 요구하였다. 1937년에는 중국과의 전쟁이 전면전으로 확대되자 미국과 소련과의 전쟁에도 대비하기 위해 육군·해군을 대규모로 확장하는 것과 동시에 사회적으로는 '국민정신총동원실시 요강'을 제정하여 관료기구와 반관반민 단체를 중심으로 한 국민정신 총동원운동을 시작하였다. 경제적으로는 수입출입품 등에 관한 임시조치법을 통해 주요물자의 무역제한과 금지, 배급통제, 소비통제를 추진하였고 전시 경제 통제를 위한 각종 조치를 실시하였다. 또한 확대일로의 전쟁 비용 조달을 위한 임시군사비 특별회계를 설치하였다.

1938년에는 국가총동원법의 제정을 통하여 정부가 의회의 승인 없이 국내 자원을 총동원할 수 있게 권한을 부여하고 구체적인 내용은 천황의 명령인 칙령에 위임하는 위임 입법을 시행하였다. 국가총동원법을 통하여 정부는 국민을 징용하여 총동원 업무에 종사시킬 수 있게 되었고, 종업원의 사용, 고용, 해고, 임금 등 노동조건, 노동쟁의의 예방, 해결을 명령할 수 있게 되었다. 경제활동 면에서도 수출입을 제한, 금지하고 수출입을 명령하거나 세금의 부과·증세·감세를 할 수 있게 되었다. 정부는 전쟁을 위해 인적, 물적 자원을 통제하는 등 국정 전반에 관해 절대적인 권한을 행사할 수 있었다. 국가총동원법은 1941년에 개정되어 총동원 업무 이외에 정부는 회사와 단체의 설립 등을 명령할 수 있게 하였다. 1941년 8월에는 중요상업단체령(重要産業團體令)을 공포하여 중요 산업별로 관계자를 포함하는 통제회를 통하여 산업을 통제하고 해당 산업과 관련된 국가 정책을 위한 입법과 시행에 협력을 규정하였다. 국가총동원법에 따라 1938년에는 국민징

용령을 칙령으로 공포하여 16세 이상 40세 미만의 남자(기능보유자는 50세)와 16세 이상 25세 미만 여자를 정부의 군 작업장, 정부가 관리하는 공장, 정부가 지정하는 공장에 징용할 수 있게 하였다. 징용은 전쟁이 진행되면서 범위가 확대되어 1943년에는 남자는 12세 이상 60세 미만, 여자는 12세 이상 40세 미만으로 하였다.

　1940년 유럽에서 나치스 독일이 일당 체제를 중심으로 침략전쟁에 승리를 거듭하자 만주사변 이후 정당정치를 비판하여 왔던 일본의 군부는 일본에도 새로운 체제를 수립하여야 한다는 변혁운동에 박차를 가하기 시작했다. 과격한 군부 세력은 종래의 자유주의적 자본주의 경제를 통제경제로 변환하고 이를 실현하는 방법으로서 국민적 지지를 배경으로 한 강력한 지도력을 행사할 수 있는 일당 체제를 수립하자고 주장하였다. 이러한 주장에 기존 정당에서도 호응하는 세력이 나타나기 시작하고 과격한 우익단체와 관료, 학자들이 동참하였다. 이들은 기존의 정당을 해산하고 신당을 수립하는 등 정치, 경제, 문화 등 모든 분야를 변혁하여 새로운 체제를 구축하자는 신체제 운동을 전개하였다. 1940년 신체제 준비회의에서는 전 국민운동의 실행을 주도하는 추진기관으로 대정익찬회(大政翼贊會)를 설립할 것을 결정하였다. 내각총리대신을 총재로 한 대정익찬회는 중앙본부사무국과 하부조직으로 도도부현(都道府縣), 대도시, 시정촌(市町村), 조나이카이(町內會), 부라쿠카이(部落會), 도나리구미(隣組) 등 지역에 지부를 두어 지방행정조직을 이용하여 전 국민을 조직화하였다. 정치적으로는 모든 정당이 자발석으로 해산하여 대정익찬회에 합류하는 형태를 취하였으며 중의원 원내 단체로 익찬의원동맹을 결성하였다. 중의원 총선거에서는 익찬정치체제협의회(翼贊政治體制協議會)가 군부와 경찰이 제공한 정보를 바탕으로 후보를 추천하고 선거자금을 지원한 결과 이들 후보가 대부분의 의석을 차지하였다. 귀족원과 중의원에서는 원내단체로 익찬정치회(翼贊政治會)를 결성하여 대정익찬회와 긴밀한 협조를 하면서 정부가 제출한 법안을 신속하게 처리하여 전쟁 수행에 협조하는 것을 의무로 하였다. 1942년에는 '일본문학보국회(日本文學報國會)'를 결성하였고 '대일본산업보국회(大日本産業報國會)', '농업보국연맹(農業報國聯盟)', '상업보국회(商業報國會)', '일본해운보국단(日本海運報國團)', '대일본부인회(大日本婦人會)', '대일본청년회(大日本靑年會)'가 대정익찬회의 산하에 통합되었다.

전쟁의 규모가 확대되자 일본의 전쟁을 위한 체재는 더욱더 강화되었다. 국민에 대한 통제와 탄압이 강화되어 국방 관련 비밀누설에 대한 형량을 강화하고 치안유지법으로 예방구금이 가능하게 하였다. 경제적으로는 무역을 국가가 관리하여 독점을 할 수 있는 체제를 확립하고 금융제도 전체를 총력전에 동원할 수 있게 하였다. 전쟁 수행을 위해 군수생산을 확충하고 강력한 국가 운영을 위한 제도의 대표적인 사례는 1943년에 제정된 '전시행정특별법(戰時行政特例法)'이다. 이 법에서는 칙령으로 기존의 법률에 의한 사람 혹은 법인의 행위에 대해 금지, 제한, 해제하거나 행정기관이나 관리의 권한을 다른 기관이나 관리에게 이관할 수 있게 하는 등 칙령에 포괄적인 권한을 부여하였다. 1944년에는 국가총동원의 효율을 향상시키기 위해 '결전비상조치요강(決戰非常措置要綱)'을 각의에서 결정하여 노동동원을 위한 학도동원, 공공사업 정지, 여행 제한 등 국민생활 전반을 통제하였다. 본토결전 태세를 확립하기 위해 정치적으로는 1945년 3월, 익찬정치회를 해산하고 강력한 정치단체를 목표로 대일본정치회(大日本政治會)를 결성하였다. 사회적으로는 전 국민을 동원하기 위해 1945년 3월에는 대정익찬회, 대일본부인회 등의 단체를 흡수 통합하여 국민의용대를 지역 또는 직장별로 조직하였다. 지역별 국민의용대는 조나이카이와 부라쿠카이를 소대로 하는 시정촌국민의용대로 편성되었고, 직장별 국민의용대는 관공서, 공장, 회사를 소대로 하는 직역국민의용대로 편성되었다. 이들은 군대 경찰과 함께 방공, 소개, 전쟁피해 복구, 중요 물자수송, 식량증산, 진지구축, 병기수송 등에 종사하며 정세 변화에 따라 전투대로 전환하여 군의 지휘하에 들어가게 되어 있다. 1945년 6월에는 의용병역법(義勇兵役法)으로 15세 이상 60세 이하의 남자와 17세 이상 40세 이하의 여자를 병역에 복무하게 하였으며 국민의용대를 전환한 국민의용전투대를 편성하였다. 전투대원은 신분상 군인으로 군인의 지휘하에 있어 전 국민을 군사적으로 편성하고 생산과 전투를 연결하는 체제였다.

## 제3장

# 1945년 이후 정치

## 제1절. 점령체제와 역코스시대

### 1. 군국주의 청산과 사회개혁

일본 제국주의의 전쟁 수행을 위해 무리한 전쟁체제를 강요당해 온 일본 사회는 전쟁에서 패배하자 경제적 폐허 등의 혼란에 빠졌다. 경제적으로는 비군사적 경제적 피해가 25%에 달하는 등 사회적 자원이 전쟁으로 소진되고 국외에 파견하였던 대규모의 군인들과 재외 일본인들이 철수하였다. 국민들은 배급 식량으로 생활을 하지 않으면 안 되어 엥겔계수는 60%에 달했다. 각종 물자의 부족 등은 인플레이션을 유발하여 1937년에 비해 1944년에는 4.4배, 1948년에는 105배에 이르렀고 전국 각지에서는 암시장이 활발하게 형성되어 정상적인 경제가 운영되지 않았다. 한편 제국주의가 소멸되자 전국 각지에서는 국민들의 요구가 분출하여 민중운동과 노동쟁의가 빈발하였다.

전쟁에서 승리한 연합국의 중심 국가인 미국은 제2차 세계대전 참전 후 일본에 대한 전후 처리 방침을 구상하였고 초기 정책을 준비하였다. 1945년 5월 미국의 트루먼 대통령은 일본에 대해 무조건 항복을 요구하는 성명을 발표한 이후에 극동자문위원회(Far Eastern Adversary Commission, FEAC) 설치를 승인하였다. 일본이 무조건 항복을 결정한 이후에는 미국 정부 내의 육군, 해군, 국무 3성의 조정위원회(The State War Navy Coordinating Committee, SWNCC)에서 '항복 후 미국의 초기 대일방침'을 결정하였다. 그 대강의 내용은 일본이 다시는 미국과 세계의 평화를 위협하지 못하게 하고 유엔 헌장에 표명된 미국의 목적을 지지하는 일본 정부를 수립할 것과 일본의 비군사화, 민주화 그리고 제국 군대의 무장해제, 전쟁 추진자 추방, 정신적 경제적 전쟁 수행 기반의 해체, 기본적 인권 존중, 노동·산업·농업 등 각 분야에서의 민주적 단체를 조직화하는 것이었다. 이 내용은 1945년 11월 '일본 점령 및 관리를 위한 연합국군최고사령관총사령부에 대한 항복 후의 초기 기본적 지령'으로 연합국의 일본 점령정책 지시사항이 되었다.

공식적으로 연합국은 1945년 12월에 일본의 점령을 관리하기 위해 극동위원회(Far Eastern Commission, FEC)와, 파견기관으로 대일이사회(Allied Council for Japan, ACJ)를 설치하였다. 극동위원회와 대일이사회는 기본적인 점령 원칙의 기준을 작성하고 대일이사회는 연합국군최고사령관을 자문하는 기관이었지만 실질적인 권한은 미국이 주도하고 있었다. 극동위원회의 결정은 미국 정부를 통해 연합국군최고사령관총사령부(General Headquarters, The Supreme Commander for the Allied Power, GHQ/SCAP)에 전달이 되고 미국은 극동위원회의 결정이 내려지지 않을 경우 연합국군최고사령관에 지시를 내릴 수 있었다. 연합국군최고사령관총사령부는 1945년 8월 미국이 창설을 제안하여

1945년 10월에 설치되었으며 실질적으로 일본의 점령 통치를 담당하였고 그 지휘자는 더글러스 맥아더(Douglas MacArthur)였다. GHQ는 형식적으로는 극동위원회의 관할하에 있었지만 실질적으로는 미국 정부의 지휘하에 있었고 일본의 점령정책은 미국의 의도대로 진행되어, 정치, 경제, 사회 등 전반적인 부분에서 일본 사회의 군국주의적 요소를 청산하고 평화적이고 민주적인 일본 정부를 수립하는 것이었다. 점령정책은 GHQ의 지령을 일본 정부가 실시하는 간접통치 방식으로 시행하였다.

## 정치개혁

일본의 군국주의적 요소를 청산하는 가장 상징적이고 실질적인 작업 중의 하나는 헌법개정이다. 1945년 10월 GHQ의 맥아더 사령관으로부터 대일본제국헌법개정을 지시받은 시데하라 기주로 수상은 헌법문제조사위원회를 설치하여 일본인 헌법학자를 중심으로 헌법개정을 시작하였다. 그렇지만 위원회에서 제안한 내용은 전전의 대일본제국헌법을 개정한 것에 불과하여 맥아더 사령관은 이에 만족하지 않고 결국은 GHQ 민정국이 기초한 헌법 초안을 중심으로 헌법이 개정되었다. 개정된 헌법은 국민이 주권자임을 명시하고 기본적인 인권 존중, 평화주의를 기본으로 하였다. 대일본제국헌법에서 주권자였던 천황은 1946년 1월 1일 '신일본건설에 관한 조서'를 통해 천황 자신의 신격을 부정하는 인간선언을 하였다. 천황을 현인신(現人神)으로 여기고 이를 근거로 일본 민족이 타민족에 비해 우월하다는 관념을 부정하였다. 개정된 일본국 헌법은 천황을 일본 및 일본 국민 통합의 상징으로 하고 천황은 국정에 관한 권한을 갖지 않으며 천황은 헌법에서 정한 국사 행위만을 할 수 있다는 상징천황제를 규정하였다. 이이외에 일본국헌법은 전쟁과 군비를 포기하고 지방자치제도, 권력분립, 재산권 보장, 교육을 받을 권리, 노동기본권 보장을 명시하였다.

한편 GHQ는 군국주의 요소를 청산하기 위한 정치적 개혁으로 전쟁책임자를 처벌하고 군국주의자, 초국가주의자를 공직에서 추방하였다. GHQ는 먼저 도조 히데키(東條英機) 수상을 비롯한 전쟁 범죄인 용의자를 체포하여 전범재판에 회부하였다. 1945년 10월에는 '정치적 공민적 및 종교적 자유에 대한 제한 철폐에 관한 각서'로 경찰 수뇌부와 정치사상경찰인 특별고등경찰 관리의 추방을 명령하고 '일본 교육제도의 행정에 관한 각서', '교직원 조사 선정 자격 결정에 관한 각서'로 군국주의적 또는 극단적 국가주의 사상을 가진 교직원을 추방하였다. 1946년 1월에는 '공무종사에 적합하지 않은 자의 공직으로부터의 제거에 관한 건'으로 군국주의와 전쟁에 관계하거나 협조한 정치가, 사상가 등 전쟁 범죄인 전쟁협력자, 대일본무덕회(大日本武德會), 대정익찬회 및 호국동지회(護國同志會) 관계자를 추방하였다. 1947년 1월에는 추방 대상 공직자의 범위가 확대되어 전전, 전쟁 중의 유력기업 군수산업, 사상단체 간부, 거액 기부자도 추방 대상이 되었다.

GHQ는 헌법에 지방자치에 관한 규정을 설치하여 지방자치를 보장하였다. 1946년의 지방제도 개혁에서 도도부현(都道府縣) 지사 시정촌(市町村)장은 주민이 직접 선거로 선출하고 지방의회 의원의 20세 이상 남녀 선거권, 피선거권의 확장, 지방의회 권한을 확충하였다. 또한 원래는 주민자치조직으로 자연발생적인 조직이었던 도나리구미(隣組), 조나이카이(町內會), 부라쿠카이(部落會)는 전쟁 중 전쟁 수행의 하수인으로 주민의 민주화에 방해가 되는 요소로 파악하여 폐지하였다. 이어 도도부현과 시정촌을 동등한 자치단체로 규정하여 지방공공단체에 대한 내무대신의 감독권을 폐지하고 시정촌에 대한 강제예산 및 집행대행제도를 폐지하였다. 주민들의 기본권인 청원권도 명문화하였다. 지방의회의 자립입법권을 강화하는 등 지방공공단체의 자주권 자립권이 강화되었다.

지방공공단체의 실질적인 자립을 위해 GHQ는 1949년 재정학자 샤우프(Carl Summer Shoup)를 초청하여 일본의 세제에 관한 조사를 의뢰하였고 샤우프는 국세와 지방세 등 세무 전반에 관한 보고서를 제출하였다. 샤우프는 지방재정이 취약하다고 판단하여 지방재정 평형교부세 등 지방세원을 확충하는 방안을 제시하였다.

지방자치가 제도적으로 보장되면서 지방공공단체를 관할하는 내무성은 1947년 폐지되었고 남녀동등권에 기초한 부인참정권을 인정하여 중의원 선거에 적용하였으며 정당 결성의 자유와 전쟁 중의 정치범을 석방하였다.

### 경제개혁

GHQ는 재벌이 일본 군국주의를 제도적으로 지원하였다고 인식하여 개혁정책의 하나로 일본의 상업 및 생산상의 대부분을 지배하여 온 산업 금융의 커다란 집단을 해체할 것을 촉진하였다. 일본의 잠재적 전쟁 능력을 파괴하여 경제의 비군사화를 추진하고자 이들을 해체하는 것이 일본의 경제 및 정치의 민주화를 위해 필수적인 것으로 생각했다. 1945년 10월 GHQ의 경제국은 미쓰이(三井), 미쓰비시(三菱),

스미토모(住友), 야스다(安田)의 본사 등을 대상으로 해체를 압박하였다. 지주회사를 해체하고 재벌가족의 기업 지배력을 배제하며 주식 소유 분산화로 지주에 의한 계열회사의 지배를 근절하고 재벌가족의 임원을 추방하여 인간관계에 의한 지배를 봉쇄하였다. 그 결과 경제계 지도자가 교체되었고 재벌 계열사는 독립하여 젊은 경영자에 의한 활발한 경쟁을 전개하게 하여 일본의 고도 경제성장에 기반을 마련하는 계기가 되었으며 주식 보유의 대중화가 진전되었다.

GHQ는 재벌과 함께 일본 군국주의의 침략전쟁의 기초로 봉건적 지주제를 지목하였다. 농촌의 반봉건적 지주 소작인 관계와 지주적 토지소유제는 저임금 노동자를 양산하고 전쟁체제를 지탱하는 경제적 기반이 된다고 판단하였다. GHQ는 소작농을 해방하여 자작농으로 전환하는 '농지개혁에 관한 각서'를 일본 정부에 제시하였다. 농지개혁은 부재지주의 소작지 전부와 재촌지주의 소작지 보유 한도를 초과하는 토지를 정부가 매수 대상으로 하고 매수 가격도 저가로 고정하였고 소작료는 낮은 금액으로 제한하였다. 당시의 인플레이션을 고려하면 지주의 토지는 무상으로 매수한 것과 같으며 소작료는 폐지에 가까웠다. 소작인의 지위를 강화하기 위해 시정촌농지위원회를 구성하였다. 이로 인해 소작지의 80%가 지주로부터 해방되었고 소작지는 9%로 격감하여 실질적으로 지주제는 해체되었다. 결과적으로 농업생산력이 현저하게 향상하여 농민층은 보수정당의 중요한 지지기반이 되었고 농업경영이 근대화하여 일본 고도경제성장의 기초를 제공하였다.

GHQ는 자유로운 노동조합의 자유로운 결성을 보장하였다. 1949년의 노동조합 관련 법률에서는 자본가에 대항하기 위해 노동력의 집단적 교섭을 확보하고, 노동조합의 결성을 방해하는 것은 부당노동행위로 규정하여 합법적으로 노동조합 결성을 방해하는 것이 불가능하게 되었다.

점령체제에서는 경제 민주화를 위한 개혁 정책과 함께 경제 부흥을 위한 정책이 이어졌다. 일본 정부는 경제안정본부를 중심으로 경제정책을 실시하여 탄광국가관리법안, 신물가체제 등을 발표하였다. 또한 기간산업인 철도 석탄에 자금의 집중을 극대화하여 이 두 부분이 상호 순환적으로 확대되고 그 영향 산업 전체로 확대시킨다는 경사생산방식(傾斜生産方式)을 추진하였다. 경제학자 아리사와 히로미(有澤廣巳)의 제안으로 실시한 이 경제정책은 경제위기를 돌파하기 위한 시책으로 '모든 증산은 증산을 낳는다. 일본 경제의 모순을 우선 석탄 증산을 통해 해결의 실마리를 찾아야 한다.'는 것을 목표로 추진하였지만 성공 여부는 미지수로 평가하고 있다.

한편 미국 정부는 일본의 경제적 자립과 안정을 위해 1948년 '대일신정책'을 발표하여 일본의 경제 부흥을 강력하게 추진하고자 정책기조를 개혁보다는 경제부흥으로 하여 경제안정9원칙을 지시하였다. 그 일환으로 디트로이트 은행의 임원인 닷지(Joseph Morrell Dodge)를 GHQ의 재정고문으로 파견하여 닷지 라인(Dodge Line)이라고 불리는 재정 금융 통제정책을 통한 일본의 자본주의적 재건을 촉진하는 정책을 추진하였다. 닷지의 정책은 인플레이션 대책으로 초균형예산을 실현하여 적자예산을 개선하고 '1달러=360엔'의 고정환율로 일본 경제를 세계 경제로 복귀시킴과 동시에 일본 기업이 국제경쟁력에 대응하게 한다는 것이다. 또한 대일원조대응자금을 설치하여 정부채무 상환 및 경제 재건에 필요한 곳에 투자한다는 것이다. 그 결과 인플레이션이 진정이 되고 재정과 금융의 건전화가 달성되는 성과를 가져왔으며 전후 일본의 통제경제가 철폐되고 일본 경제가 세계시장으로 편입되었다.

### 사회개혁

일본 제국주의는 군국주의적 사상을 토대로 한 교육으로 전쟁에 대한 사회적 지지를 유도하였다. GHQ는 군국주의 사상을 교육하는 교육자를 공직자 추방을 통하여 청산하였고 군국주의를 고무한 수신(修身), 일본 역사, 지리 등 과목의 수업을 정지하고 교과서를 회수하였다. 미국의 전문가들로 구성된 '미국대일교육사절단'을 파견하여 민주화, 기회균등을 내용을 한 교육제도를 대폭 개혁하고자 교육쇄신위원회를 설치하였다. 1947년에 제정된 교육기본법은 군국주의 시대의 천황에 대한 충성을 교육하는 교육칙어를 폐지하고, 일본 교육의 목적을 인격의 완성, 평화적인 국가 및 사회의 구성원으로 진리와 정의를 사랑, 개인의 가치를 존중, 근로와 책임을 중시, 자주적 정신을 가진 심신과 건강한 국민 육성으로 하고 있다. 또한 교육의 기회는 균등하며 국민은 경제적 지위 등의 차별 없이 능력에 따라 교육을 받을 기회를 받아야 한다고 하였다. 교육행정의 민주화를 위해서 문부성 중심의 권한 집중과 교육의 중앙통제와 교육 내용과 방법의 중앙통제를 폐지하고 학과 내용 편성과 교과서 작성 지침을 기준으로 지방의 상황에 따라 교육 내용과 방법을 결정하게 하였다. 지방행정교육기관으로 교육위원회를 설치하여 주민들이 선거로 교육위원과 집행기관인 교육장을 선출하였다. 국정교과서제도를 폐지하여 민간 학자 등이 집필한 복수의 교과서를 국가가 검정하여 적합성을 판단하게 하고 지방교육위원회가 교과서를 채택하였다. 아울러 교원조합운동의 합법화를 장려하여 1947년에는 일본교직원노동조합을 결성하여 교원의 생활개선과 교육의 민주화를 추진하였다.

GHQ가 공직자 추방의 최우선 순위로 경찰 관계자를 지목했듯이 일본 제국주의 경찰은 내무성의 지휘를 받으며 침략전쟁을 수행하기 위해 일본 사회를 통제하는 비민주적 체제로 단정되었다. GHQ는 군국주의 경찰을 해체하여 인권 보호를 강화하는 방향으로 경찰을 개혁할 것을 지시하였다. 1947년 일본 정부는 경찰법(구경찰법)을 공포하여 모든 시와 인구 5천 명 이상의 정촌에 자치체경찰, 기타 지역에는 국가지방경찰을 설치하였다. 자치체경찰은 시정촌 공안위원회의 관리를 받았으며 국가지방경찰은 도도부현 공안위원회의 관리하에 두었다. 중앙집권적 국가경찰제도를 폐지하여 경찰을 지방분권화하고 시민들의 대표로 구성된 합의체 기구인 공안위원회에서 경찰을 관리하였다. 또한 경찰의 책무를 국민의 생명과 신체 및 재산 보호, 범죄 조사, 피의자 체포 및 공안 유지로 한정하는 민주적 개혁을 시도하였다.


## 2. 역코스시대

군국주의 청산과 일본 사회의 민주적 개혁을 목표로 점령정책을 추진하던 GHQ의 분위기는 1947년 이후부터 전환의 움직임을 보이기 시작하였다. 미국과 소련의 이념대결이 격화되고 중국이 공산화되는 등 국제정세의 냉전 질서가 강화되면서 미국은 소련을 봉쇄하는 정책의 일환으로 일본의 점령정책을 근본적으로 전환하였다. 점령정책의 주요 원칙 중의 하나였던 민주적 사회개혁을 완화하고 대신 경제부흥 정책에 중점을 두었다. 일본을 조기에 경제적으로 안정시켜 자본주의 진영에 편입시키고 미국의 대외 정책에 적극적으로 협조하게 하는 것을 목적으로 하였다. 특히 1950년 발발한 한국전쟁은 GHQ의 점령정책을 결정적으로 전환하는 계기가 되었다. 일본을 독립시켜 미국의 대외정책 수행을 위한 동맹국으로 만들었다.

점령 말기가 되면서 GHQ는 일본 사회의 민주화를 위한 개혁정책을 완화 혹은 실질적으로 폐지하여 군국주의적 요소를 청산이 지지부진한 가운데 일본 정부는 강화조약을 체결하는 조건으로 개혁정책의 지속을 강화조약 내용에 포함하지 말 것을 제안하여 결국 일본 사회의 민주화 개혁은 미완의 결과를 초래하였다. 1952년 샌프란시스코 강화조약으로 GHQ가 철수하고 일본이 독립하면서 GHQ가 추진했던 개혁정책 대부분이 개혁 이전으로 되돌아가는 역코스가 진행되었다. 독립한 일본 정부는 경제부흥을 최우선의 목표로 정하고 GHQ가 민주화를 위해 추진해 오던 모든 사회제도를 능률과 효율적 운영을 명분으로 군국주의 시대의 제도의 정신을 되살리는 내용의 개정을 추진하였다.

### 일본의 독립

GHQ의 사령관 맥아더는 1947년부터 일본과의 조기 강화조약의 필요성을 주장하였고 1949년에는 미국 정부가 강화조약을 실현하기 위해 움직이기 시작하였다. 1950년 한국전쟁이 발발하자 미국의 트루

먼 대통령은 일본과의 강화조약을 위해 담당자를 선임하고 대일강화 조약 7원칙의 기본 방침을 결정하였다. 강화조약 7원칙은 '참가국 자격', '국제연합 가맹', '영토 문제 처리', '독립 후 일본의 안전보장', '통상조약 체결 및 다수 국가의 동 조약 가입', '일본에 대한 청구권 포기', '청구권 또는 배상 분쟁에 대한 국제사법재판소 처리' 등이었다. 이에 일본 측은 '점령 중의 개혁을 평화조약에서 영구화하지 말 것', '배상에 대해서는 일본에 외화 부담을 주지 않기 위해 역무배상을 원칙으로 할 것', '전범에 대해서는 새로운 추가 기소를 하지 않을 것'을 제시하였다. 강화조약 7원칙은 '일본국과의 평화조약'[샌프란시스코 강화조약]의 기초가 되었다. 1951년 9월 요시다 시게루(吉田茂) 수상 등은 샌프란시스코에서 개최된 강화회의에 참석하여 조약에 서명을 하였고 연합국 측에서는 영국 미국을 비롯한 48개국이 참석하였다. 당시 소련은 강화조약의 내용을 수정하여 제시하였지만 받아들여지지 않자 서명을 거부하였고 폴란드와 체코슬로바키아도 조인을 거부하였다. 인도, 미얀마, 유고슬라비아는 출석을 거부하여 조약 체결에 참석하지 않았으며 중국은 초청되지 않았다. 결국 미국을 지지하는 국가들만이 조약에 서명을 하고 소련 등의 국가는 일본과의 전쟁 당사자임에도 불구하고 조약을 인정하지 않았다. 이로 인해 일본 국내에서 모든 당사국이 참여하는 강화를 추진해야 한다는 전면강화를 주장하는 의견과 미국을 지지하는 측과의 강화라도 필요하다는 단독강화의 주장이 대립하는 배경이 되었다.

1952년 4월에 발효된 '일본국과의 평화조약'에 의해 일본과 연합국의 전쟁 상태는 종결되고 일본 국민의 주권을 회복하였으며 오키나와, 오가사와라(小笠原) 등에 대한 미국의 신탁통치가 인정되었다.

　　한편 강화조약을 체결함과 동시에 미국과 일본은 '일본국과 미합 중국과의 안전보장조약'을 체결하였다. 강화조약에 따르면 연합국은 조약의 발효 후 일본에서 철수하는 것을 원칙을 하고 있지만, 예외 조항으로 일본을 당사자로 하는 양국 간의 협정이 있으면 협정 상대 국의 군대가 계속해서 주둔하는 것을 용인할 수 있었다. 미국과 일본 의 안전보장 조약은 이 예외조항에 따라 가능하였다. 조약은 일본이 독자적 방위 능력을 보유하지 못하였기 때문에 자위권을 위한 조치로 일본 내 미국의 군대가 주둔하는 것은 인정한다는 것과 미국은 일본 의 방위력 향상을 기대한다는 것, 그리고 미국의 동의 없이 제3국의 군대를 주둔하게 하거나 통과를 하는 것을 금지하는 것을 주요 내용 을 하고 있다. 이로써 미국은 한국전쟁을 수행하기 위해 일본의 기지 를 자유롭게 사용할 수 있게 되는 등 극동 평화를 위해 냉전 질서 속에 서 아시아에서의 자본주의에 반대하는 세력의 확장을 저지하기 위한 기반을 확보하게 되었다. 또한 일본의 재군비의 길을 여는 계기가 되 었다. 그렇지만 조약의 내용 중 조약의 기한이 없는 것과 대규모 내란 및 소요를 진압하기 위해 미군이 출동할 수 있다는 내란 조항에 대해 일본 국내에서 문제가 제기되기도 하였다.

　　안전보장 조약과 함께 발효된 '미합중국과 일본과의 안전보장 조 약 제3조에 따른 행정협정'은 미국 군대가 일본 국내 등에 배치되는 규정의 조건을 정한 것으로 일본에 주둔하는 미국 군대의 군인에게 매우 유리한 내용이었다. 예를 들어 미군 병사가 일으킨 범죄에 대한 공무집행 중에 발생한 범죄의 경우 제1차 재판권을 미군 당국이 갖는 다는 것과 미군 구성원의 일본 출입국은 신분증명서 혹은 군대 구성 원이라는 집단적 여행명령서로 자유롭게 할 수 있다 등의 미군 구성원의 다양한 특권을 인정하고 있다.

이상의 내용을 보면 일본은 샌프란시스코 강화조약으로 주권국으로 독립하였지만 군사적으로는 종속이 되었다고 할 수 있다. 요시다 수상은 미국이 한국전쟁이 발발하면서 군사비 증강 등을 요구하였지만 일본국헌법을 방패로 군사비 증액을 거부하였다. 요시다 수상은 일본의 외교정책의 기본으로 일본의 국제적 지위를 회복하기 위해 안전보장은 미국에 의존하고 일본은 경무장을 유지하면서 경제부흥을 최우선으로 한다는 정책을 주장하였다〔요시다 독트린〕.

### 역코스 정책

미국이 일본을 공산주의 확산에 대한 방파제로 구축하기 위해 점령 초기의 자유로운 노동운동, 정당 활동을 보장하는 정책은 점차 변화되었다. 1947년 GHQ는 노동자들의 총파업을 중지하는 명령을 내리고 1948년에는 공무원에 대한 노동운동 금지, 공산당이 주도한 노동운동을 파괴 활동으로 선전하였다. 1949년에는 '단체 등 규정령'으로 폭력적이고 반민주주의적으로 여겨지는 단체 결성을 금지하고 해산하기도 하였다.

GHQ는 점령 초기 군국주의자 등을 대상으로 하던 공직자 추방을 점령 말기가 되면서 공산당원과 지지자들에게 적용하여 1949년부터는 대학에서 공산주의자 교수를 배제할 것을 주장하여 사직을 권고하였고 점차 중학교·소학교 교사들로 확대하였다. 1950년 한국전쟁이 발발하자 본격적으로 신문 통신사, 방송기관을 비롯하여 민간기업과 정부 기관 등에서 공산당원을 배제하는 레드 퍼지(Red Purge)를 진행하였다.

반면에 군국주의 침략전쟁을 수행한 군사력은 1950년 한국전쟁을 계기로 부활하기 시작하였다.

## 제2절. 자민당(自民黨) 정권 독점기

### 1. 보혁체제(55년체제)와 경제성장

GHQ의 민주화정책에 의해 자유로운 정당결사 등 정치활동이 보장되고 일본사회당(日本社會黨, 니혼샤카이토), 일본 공산당(日本共産黨, 니혼교산토) 등이 합법화되었으며 동시에 많은 보수계 정당이 탄생하였다. 이들 정당은 GHQ에 의한 점령체제하에서 실시된 선거를 거치면서 이합집산을 거듭하였고 1947년 선거에서는 일본사회당이 제1당이 되어 보수계의 민주당과 연립정권을 수립하기도 하였다[片山哲(가타야마 데쓰) 내각]. 1951년 샌프란시스코 강화조약과 미국과 일본이 안전보장조약이 체결되자 일본의 정치계는 이를 둘러싼 찬성과 반대의 의견이 대립하였다. 혁신계의 일본사회당은 당내에서도 일본의 헌법정신 수호와 재군비를 둘러싸고 의견이 충돌하여 좌파사회당과 우파사회당으로 분열되었다. 1952년 일본이 독립하며 정권을 담당하고 있던 보수계 정당이 GHQ가 추진하던 점령정책의 방향을 군국주의 시대의 정책 방향으로 전환하는 역코스 정책이 본격화하고 개헌을 주장하기 시작하자 이에 대항하기 위해 좌파와 우파로 분열되었던 일본사회당은 1955년 하나로 통일한 일본사회당을 결성하였다. 일본사회당 세력이 하나가 되자 재계를 비롯한 보수 세력은 보수계 정당인 일본

민주당과 자유당에 통합의 압력을 가해 자유민주당(自由民主黨, 지유민
슈토: 自民黨, 지민토)을 결성하였다.

1955년에 형성된 보수계의 자유민주당과 혁신계의 일본사회당이
중심이 되는 보혁체제는 1990년대까지 지속되었다〔55년체제〕. 이 시
기에는 표면적으로는 보수계 정당과 혁신계 정당의 2대정당 체제이
지만 실제적으로는 자유민주당이 일본사회당에 비해 압도적인 국회
의석을 확보하여 1993년 총선거에서 자유민주당이 분열되어 국회 의
석에서 과반수가 미달할 때까지 자유민주당은 일본의 정권을 독점하
는 자유민주당 정권 독점기를 누렸다. 자유민주당 정권 독점기에 일
본은 놀라운 경제성장을 기록하였다. 1950년의 한국전쟁 특수를 계기
로 경제발전의 기반을 마련한 일본 경제는 외교와 안보는 미국에 절
대적으로 의존하는 대신 경제발전에 모든 자원을 투입하였다. 1950년
부터의 경제부흥기를 시작으로 1970년까지의 수차례에 걸친 경제 호
황은 일본을 세계적인 경제 대국으로 만들었으며 경제적 발전기에 정
권을 담당하고 있던 자유민주당은 국민들의 절대적 지지를 받아 오랜
기간 동안 정권을 안정적으로 독점할 수 있었다.

### 보혁체제(55년체제)

1945년 패전 직후 정당활동이 전개되자 보수계에서는 대표적으로
일본자유당(日本自由黨, 니혼지유토), 일본진보당(日本進步黨, 니혼신포토)
이 창당되었다. 일본자유당은 구 입헌정우회계의 하토야마 이치로(鳩
山一郎)를 중심으로 보수 정당인과 재계인사가 중심이 되었다. 일본자
유당은 군국주의 요소를 근절하고 자유경제활동을 촉진할 것을 주장

하며 1946년 중의원 선거에서 제1당이 되었다. 제2당인 일본진보당은 대일본정치회를 모체로 결성되어 국체수호와 통제경제, 제국주의 헌법 옹호를 주장하였다. 일본진보당은 1947년에 일본자유당 탈당파와 민주당(民主黨, 민슈토)을 결성하였다. 한편 1950년에 결성된 자유당(自由黨, 지유토)은 일본자유당이 분열되면서 민주당의 일부 세력이 합류하여 결성되었고 샌프란시스코 강화조약과 미국과 일본의 안전보장조약 체결을 담당한 요시다 시게루 수상이 대표로 역코스 정책을 주도한 정당이다. 1954년에는 자유당을 탈당한 하토야마 이치로 세력과 보수계의 개진당(開進黨, 가이신토) 세력이 헌법개정과 재군비를 주장하며 일본민주당(日本民主黨, 니혼민슈토)을 결성하였다.

1955년 10월 일본사회당의 좌파와 우파가 통일을 하여 하나의 세력으로 일본사회당을 결성하자 혁신계 정권의 탄생을 우려한 보수계의 압력으로 보수계의 대표적인 정당인 자유당과 일본민주당이 합동하여 자유민주당이 결성되었다. 즉 자유민주당의 기반은 인적으로는 일본제국주의를 주도한 입헌정우회, 침략전쟁을 지원한 대일본정치회 출신이었으며 물적으로는 재계의 강력한 요청으로 하나의 정당으로 탄생되었을 정도로 재계의 의견을 대변하는 정당이다.

1955년 이후 전개된 보혁체제에서 일본 정치의 보수계 정당과 혁신계 정당이 주장하는 내용은 국내정치뿐만 아니라 국제정치적인 면에서 대립하였다. 자유민주당의 경우에는 미국을 중심으로 한 자본주의 진영과의 관계를 중시하여 미국과 일본의 안전보장 체제를 견지하였으며 전쟁을 포기하고 비무장과 재군비 금지를 규정한 헌법개정을 주장하였다. 반면에 일본사회당은 사회주의 진영과의 관계를 중시하고 미국과 일본의 안전보장체제에 반대하며 일본국헌법 개정에 반대하였다. 일본국 헌법 개정은 일본 사회에 커다란 영향을 미치는 중요한 사항으로 자유민주당은 헌법개정을 위한 국회 의석의 3분의 2 이상 확보를 위해 부단히 노력하였고 반대로 일본사회당은 헌법개정을 반대하기 위해 국회 의석의 3분의 1 확보에 진력하였다. 결과적으로 자유민주당은 국회의석의 3분의 2 이상 확보를 못 하였고 일본사회당은 헌법개정 저지를 위한 3분의 1을 확보하였다.

　1955년 이후 일본의 정치는 보수를 대표하는 자유민주당과 혁신을 대표하는 일본사회당의 양당 체제로 중의원 참의원에서 양당은 70% 이상의 의석을 점유하였다. 표면적으로는 2당 체제였지만 실질적으로는 자유민주당이 전체 국회의석의 3분 2를 확보한 반면 일본사회당은 3분의 1밖에 차지하지 못하여 1과 2분의 1의 세력 분포였다. 1955년 이후 1993년까지의 국회 의석 비율을 살펴보면, 중의원의 의석비율은 자유민주당이 59.5%, 일본사회당이 26.1%였고, 참의원의 의석비율은 자유민주당이 51.7%, 일본사회당이 25.3%를 차지하였다.

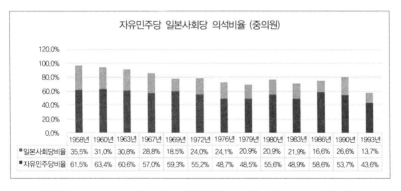

〈중의원 https://www.shugiin.go.jp / 위키피디아 https://ja.wikipedia.org 참조 작성〉

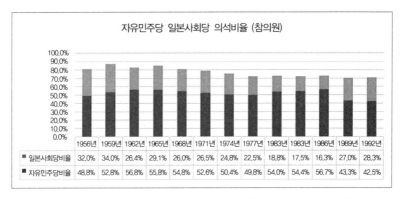

자유민주당 일본사회당 의석비율 (참의원)

| | 1956년 | 1959년 | 1962년 | 1965년 | 1968년 | 1971년 | 1974년 | 1977년 | 1983년 | 1983년 | 1986년 | 1989년 | 1992년 |
|---|---|---|---|---|---|---|---|---|---|---|---|---|---|
| 일본사회당비율 | 32.0% | 34.0% | 26.4% | 29.1% | 26.0% | 26.5% | 24.8% | 22.5% | 18.8% | 17.5% | 16.3% | 27.0% | 28.3% |
| 자유민주당비율 | 48.8% | 52.8% | 56.8% | 55.8% | 54.8% | 52.6% | 50.4% | 49.8% | 54.0% | 54.4% | 56.7% | 43.3% | 42.5% |

〈참의원 https://www.sangiin.go.jp 위키피디아 https://ja.wikipedia.org 참조 작성〉

　점령체제에서 독립한 일본 정부는 미국 정부의 강력한 지원하에 국제사회로 복귀하기 시작하였다. 1952년 국제통화기금, 세계은행에 가입하였고 1956년에는 유엔에 가입하였다. 1956년에는 샌프란시스코 강화조약에 서명을 거부한 소련과 공동성명으로 국교를 회복하였고 1965년에는 한국과 국교정상화를 실현하였다. 1971년 이후 유엔에서 중화민국(국민당정부) 대신에 중화인민공화국(공산당정부)이 중국 대표의 지위를 획득하고 미국이 중화인민공화국과의 국교정상화를 위한 공동성명을 발표하자 일본 정부는 1972년 다나카 가쿠에이(田中角榮) 내각에서 중일 공동성명을 발표하고 중국과의 국교를 정상화하였다. 이를 계기로 1952년 미국의 권유에 의해 체결한 중화민국(국민당 정부)과 체결한 평화조약은 파기되었다.

　일본이 국제사회에서 지위를 정상화하고 경제적 발전으로 경제력을 확보하자, 외교의 범위는 침략전쟁으로 피해를 입힌 동남아시아로 확대되었다. 1967년의 사토 에이사쿠(佐藤榮作) 수상을 비롯한 1967년 후쿠다 다케오(福田赳夫) 수상은 동남아시아를 방문하여 관계를 정상화하였다.

미국과의 외교 관계에 변화도 일어났다. 1951년 체결된 미국과 일본의 안전보장조약은 1960년 개정되었다. 주요 개정 내용은 일본이 미국에 단순히 군사기지를 제공하는 것이 아니라 미군기지가 공격을 받을 경우 일본의 평화와 안전을 위협하는 것으로 보고 일본도 미국과 공동작전을 하는 것을 의무화하였고 기한을 10년간으로 설정하였다. 1960년의 미국과 일본의 안전보장 조약의 개정을 둘러싸고 일본 국내에서는 일본이 미국의 전쟁에 휘말릴 수 있다는 비판의 목소리가 커지면서 조약에 대해 국민들의 격렬한 저항이 있었지만 당시의 기시 노부스케(岸信介) 내각은 강경한 태도로 개정된 조약을 성립시켰다.

일본이 독립하면서 미국 정부의 신탁통치하에 남아 있었던 오키나와에 대한 반환을 요구하는 움직임도 활발하게 진행되어 사토 에이사쿠 내각은 아시아의 안전보장에 일본이 적극적으로 기여할 것을 약속하며 오키나와 반환을 요구하였다. 1972년 사토 에이사쿠 수상은 미국의 닉슨(Richard Milhous Nixon) 대통령과 '류큐 및 다이토지마(大東島)에 관한 일본국과 미합중국과의 협정'을 발표하여 오키나와가 일본으로 반환되었다. 다만 1960년에 개정된 미국과 일본의 안전보장조약에 따라 군사기지는 미국이 사용하는 것을 허락하였다. 반환 전의 미국 용지가 오키나와 토지 면적의 14.8%를 차지하던 것이 반환 후에는 12.0%가 되어 거의 변화가 없었을 뿐만 아니라 오키나와에 주둔하는 미군의 범죄 재판권 등에 대해서도 내용이 개정되지 않았다.

## 경제성장

일본을 경제적으로 안정시켜 사회주의 세력 확산을 저지하는 방파
제로 삼고자 한 미국의 의도와 자유민주당 정권의 경제 우선 정책이
일본의 경제부흥과 발전을 이끌었다. 일본이 전후 부흥기에 경제적
회복을 할 수 있었던 것은 GHQ가 실시한 경제 민주화 정책이 한 몫을
하였고 그 이후 본격적인 경제발전으로 돌입할 수 있었던 것은 1950
년 발발한 한국전쟁의 특수를 일본이 톡톡히 누렸기 때문이다. 미국
은 한국전쟁을 수행하기 위한 군용기 수리, 화약 등을 일본에 발주하
였으며, 모포, 외투, 피복류를 중심으로 한 전쟁소비 물자를 일본에서
공급하였다. 미국의 달러는 일본에 다량으로 투입되어 경제발전에 결
정적 기반을 마련할 수 있었다.

일본의 경제는 수차례에 걸친 경제호황으로 비약적으로 발전하여
자본주의 진영의 제2의 경제대국으로까지 발전하였다. 본격적인 경
제호황은 1955년부터 시작되어 1957년까지 누린 경제호황이다. 일
본의 초대 천황인 진무(神武) 천황이 일본을 개국한 이래 최고의 경제
호황이라는 의미에서 진무경제호황이라는 명칭을 붙였다. 이 시기 일
본의 경제는 전쟁 이전의 수준으로 회복하여 1956년 일본경제백서에
서는 '이제는 전후가 아니다.'라고 선언하였다. 경제 회복을 견인한
것은 3종의 신기(3種의 神器: 원래 천황가에 전해져 내려온 보물을 말함)라
고 불리는 냉장고, 세탁기, 흑백텔레비전이라는 소비재의 소비 붐이
었다.

1958년부터 1961년까지는 이와토(岩戸) 경제호황이라고 불리는 시
기이다. 1957년까지의 경제호황의 상회하는 경제발전을 보였다. 진무
천황 이전의 일본 신화에 나오는 아마테라스 오미카미(天照大神)가 바

위에 숨는 사건 이후의 경제호황이라는 의미에서 붙여진 명칭이다. 이 시기에는 비약적인 기술혁신으로 외국의 자본이 유입되는 등 투자가 활발하게 진행되었으며 이로 인한 설비투자가 급격하게 증가하였다. 일본의 산업은 전기제품, 정밀기계, 자동차 산업으로 재편되는 등 산업구조가 고도화되었다. 산업의 활성화는 국민들의 수입을 전반적으로 증가시켰고 국민들 사이에서는 중류 의식이 확산하여 중산층의 대량소비로 대형 슈퍼마켓이 등장하는 등 유통시스템의 변혁이 이루어졌다. 가파른 경제성장을 기록하자 일본 정부는 1960년 '소득배증 계획'을 발표하여 국민총생산과 국민 1인당 실질소득을 2배 이상으로 증가시켜 국민생활은 서구유럽의 선진국 수준으로 발전하고 완전고용과 복지국가를 실현하는 것을 목표로 하였다. 이 정책은 1960년 미국과 일본의 안전보장조약 개정을 둘러싼 사회적 혼란을 수습하는 데 중요한 역할을 하였고 자유민주당 정권의 안정적 정치를 가능하게 하였다.

1964년은 일본이 전쟁의 폐해를 복구하여 경제발전을 이루었다는 것을 선전하기 위한 도쿄올림픽이 개최되었다. 올림픽 개최를 위해 일본 정부는 교통망을 비롯한 각종 시설을 신설하고 정비할 필요가 있었고 국민들은 올림픽을 관람하기 위해 텔레비전을 구입하고 경기장을 직접 방문하기를 원했다. 올림픽을 위한 각종 체육시설과 도쿄를 중심으로 한 교통망으로 신칸센과 고속도로가 건설되는 등 건설 수요가 급증하였다. 도쿄올림픽을 계기로 활성화된 1962년부터 1964년까지의 경제호황이 올림픽 경제호황이다.

1965년부터 1970년까지는 오랜 시간 지속된 경제 발전기로 이자나기(いざなぎ) 경제호황이라고 불린다. 이 시기의 경제발전은 진무 경

제호황, 이와토 경제호황을 상회하는 경제호황으로 이와토 신화 이전
에 등장하는, 일본을 만들었다고 하는 신 이자나기의 이름을 붙였다.
미국의 장기적인 경제호황과 베트남 전쟁 등 국제적 환경에도 도움을
받아 일본 경제는 비약적으로 발전하여 명목 국민총생산이 2배 이상
증가하여 1968년에는 자본주의 진영에서 서독을 앞질러서 세계 제2
위의 경제대국으로 부상하였다. 이 시기에 경제 발전을 견인한 것은
활발한 민간투자로 일본 기업은 국제적인 경쟁력을 확보하기 위해 규
모를 확대하고 기업 합병을 실현하였다. 사회적으로는 저가의 자동차
가 발매되자 마이카 붐이 발생하고 진무호경기를 선도한 소비재인 3
종의 신기에 이어 신3종의 신기로 3C(Car, Cooler, Colour television)의
보급이 급속하게 확산되는 등 소비가 대폭적으로 증가하였다.

경제호황기를 거치면서 일본은 실질 국민총생산(GDP)이 평균 9.7%
의 높은 성장률을 기록하였고 경제규모가 확대되고 경제구조가 변화
하여 산업구조 측면에서는 1·2차산업에서 3차산업으로 산업 중심이

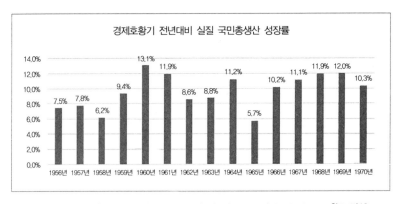

경제호황기 전년대비 실질 국민총생산 성장률

〈내각부 GDP 통계 https://www5.cao.go.jp/j-j/wp/wp-je08/08b09010.html 참조 작성〉

이동하였고, 3차산업 등 서비스 산업의 취업자 수가 급증하는 등 취업과 고용의 면에서도 변화하였다. 비약적인 기술 혁신은 일본의 수출 산업이 고부가가치 산업으로 전환시켰다. 일본의 경제발전은 국제적인 주목을 받게 되어, 경제발전을 이룩한 일본형 경제시스템은 국제적인 연구의 대상이 되고 개발도상국들의 모델이 되었다.

　장기간의 경제성장은 사회에 긍정적인 작용만 한 것은 아니다. 공업의 확대와 개발을 중심으로 한 경제성장은 주민들의 생명을 위협하는 공해문제를 유발하였다. 특히 임해공업단지의 중화학공업단지는 심각한 대기오염과 수질오염을 동반하였다. 욧카이치(四日市)를 비롯한 공업지대는 대기오염으로 주민의 건강을 위협하였고, 구마모토(熊本)현 미나마타(水俣)시는 공해병인 미나마타병, 니가타현 아가노가와(阿賀野川) 유역은 근처의 공장 폐수의 수은에 의한 공해병이 발생하였다. 도야마현 진즈가와(神通川)에서는 카드뮴에 의한 공해병인 이타이이타이병이 발생하였다. 특정 지역 이외에 1970년대에는 자동차가 급증함에 따라 배기가스에 의해 공기가 오염되어 주민들의 불만이 분출하였다. 주민들은 반공해 주민운동을 조직하여 공업단지의 건설을 반대하고 지방정부는 조례를 제정하여 중앙정부보다 엄격한 환경규제를 실시하였다. 정부도 환경문제의 심각성을 인식하여 1971년 환경청을 설치하고 공해 방지 자연환경 보호, 정비를 추진하였다. 반공해 운동과 더불어 경제성장으로 인해 소외된 복지, 생활건강, 교육 등에 대한 정책을 촉진하는 주민운동이 활성화되었다. 이 운동은 지금까지 개발과 경제 확대를 공약으로 내세우던 자유민주당 소속의 단체장 대신에 환경과 복지, 교육 환경을 개선할 것을 주장하는 단체장을 선출하였다. 자유민주당을 제외한 정당이 지원하고 주민운동이 지지

하는 단체장이 선출된 지방정부는 혁신자치체라고 불리며 당시 도쿄
도를 비롯한 주요 도시와 더불어 많은 지방정부에 혁신적인 단체장이
선출되었다.

## 2. 거품경제와 정치부패

1970년대 초반까지 성장 일변도였던 일본의 경제는 국제환경 변화
의 영향 등으로 성장세가 멈춘다. 제2차 세계대전 이후 자본진영의
경제 재건과 안보를 위해 미국이 실시한 경제원조, 군사비 지출 그리
고 베트남 전쟁의 비용 지출로 인해 미국의 재정이 악화되고 미국 내
실업률 증가와 인플레이션이 발생하여 경제적인 어려움에 직면해 있
었다. 미국의 닉슨 대통령은 1971년 달러와 금의 태환(兌換)을 일시정
지하여 경제적으로 발전한 국가로의 금의 지속적인 유출을 방지하고,
무역수지 면에서 불리한 주요 경제발전 국가의 달러에 대한 고정환율
제를 폐지하는 것을 골자로 한 성명을 발표하였다. 특히 미국은 자국
의 달러 가치를 경제적으로 발전해 온 유럽과 일본의 화폐와 비교해
재평가할 필요가 있다고 판단하였다[닉슨 쇼크]. 이 영향으로 고정환
율제에서 변동환율제가 되고 일본의 엔화의 가치는 재평가되어 1달
러 360엔으로 고정되었던 환율은 점차 상승하여 수출기업에 타격을
주었고 성장일변도의 일본 경제에 충격을 주었다.

한편 1973년에는 중동지역에서 전쟁이 발생하자 산유국가인 아랍
국가들이 석유자원을 무기화하여 원유 생산량을 감소시키고 수출을
중지하는 등의 조치로 석유 가격이 4배가 급등하는 제1차 석유 위기

가 발생하였다. 1979년에는 이란혁명으로 주요 산유국이었던 이란의 원유 생산이 감소하자 석유 가격이 급등하는 제2차 석유 위기가 발생하였다. 두 번에 걸친 석유 위기는 일본의 경제에 직접적인 타격을 주었다. 제1차 석유 위기로 전후 처음으로 마이너스 경제성장을 기록하였고 제2차 석유 위기 때에는 제1차 석유 위기에 비해 다소 충격은 덜하였지만 선진국들 사이에서는 석유 수입 목표를 둘러싼 갈등이 일어났다.

변동환율제와 에너지 가격의 상승으로 수출 기업의 경쟁력이 약화되고 국내 경제가 악화되자 일본 정부는 금융정책을 중심으로 한 경제 활성화 정책을 모색하였고 이는 거품경제 발생으로 이어졌으며 거품경제가 붕괴되자 일본은 장기간의 경제 불황기를 겪게 되었다.

한편 1955년 이후 장기간 정권을 독점해 온 자유민주당은 총재로 당선되는 것이 수상 지명으로 연결되었기 때문에 총재로 당선되기 위해 파벌을 형성하여 당내 권력투쟁을 벌였다. 총재 선거를 위해 파벌을 확대하고 소속 파벌의 후보자를 선거에서 당선시키기 위해 막대한 정치자금이 필요하였고 이는 정치부패 사건으로 이어졌다.


### 거품경제

두 차례에 걸친 석유 위기로 인플레이션이 발생하여 1974년에는 국내 도매물가가 20.1%, 소비자물가가 29.9% 상승하였다. 일본의 경제는 전후 처음으로 마이너스 성장을 기록하였고 경상수지가 적자를 기록하였다. 재정도 악화되었다. 따라서 국채 발행 금액의 명목 GDP 비율은 1970년의 0.03%에서 1979년에는 5.7%까지 상승하였다. 일본

정부는 재정 재건을 위해 1980년 예산에서는 공공사업비 성장률을 0%로 하고 세입을 확충하고자 하였다. 일반소비세 신설을 도모하였고 보조금 삭감, 공무원 감소, 국철, 전기 전화 회사, 전매공사의 민영화를 꾀하였지만 성과를 거두지는 못했다. 1980년대 후반 거품경제의 발생으로 세수가 증가하면서 재정 건전화 작업이 중단되었다.

1971년 변동환율제의 시행으로 일본 경제는 엔고시대를 맞이하여 수출산업에 적지 않은 영향을 받았다. 1977년 여름 이후의 첫 번째 엔고의 파도는 1년 반 만에 엔의 가격을 50% 이상 상승시켰다. 1985년 9월 뉴욕 플라자 호텔에서 5개국 선진국 재정담당 장관들과 중앙은행 총재가 모여 달러의 과대평가를 시정하는 데 합의하자 엔고는 급격하게 진행되었다. 1985년 11월에는 1달러 200엔, 1986년 2월에는 1달러 180엔, 1987년 말에는 1달러 120엔이 되었다. 급격한 엔화의 가치 상승이 수출기업의 가격경쟁력 약화 등을 초래하자 기업은 경비지출을 감소시키는 방편의 하나로서 생산거점을 국내에서 해외로 이전하는 해외 직접투자를 진행하였다. 일본 정부는 국제협조를 통해 과도한 엔고를 시정하려는 노력과 동시에 국내적으로는 금리인하 등 금융 완화, 공공사업 확대 등 재정 지출을 확대하였다.

일본 정부의 기업 구제를 위한 금융완화 정책은 사회적으로 과잉유동성을 발생시켰고 많은 자금이 부동산과 주식으로 집중되면서 일본 국내에서는 투기 열풍이 발생하였다. 1983년 5.5%였던 금리는 1986년에는 3.0%로 1987년에는 2.5%로 인하하였다. 반면 1984년에 1만 엔대였던 도쿄증시의 주가지수는 1987년에는 2만 엔대로 상승하였고 1989년에는 3만 엔대를 기록하였다. 토지 가격도 급등하였다. 1983년 도쿄의 도심지에서 시작된 토지 가격 상승은 대도시권 지방권으로 확

대되면서 1985년의 토지의 공시지가 대비 1988년 초기의 도쿄 상업
지는 2.9배, 수도권의 주택지는 2.1배가 상승하였다. 경제는 대형화하
여 대형 컬러텔레비전, 고급 승용차 등으로 고급화하였고, 고급 맨션,
리조트맨션 등의 주택 건설 붐이 일어났다. 취업 사정은 좋아졌다.
1987년 3.0%였던 실업률은 1990년에는 2.0%로 개선되었고 구인율이
높아지자 외국인 노동자를 수입하는 현상이 발생하였다.

　토지 주택 주식의 가격 상승 등을 통한 경제성장은 실질 경제성장
으로는 설명할 수 없는 자산 가격의 상승을 배경으로 하고 있었기 때
문에 일본 정부와 중앙은행은 정상적이 아닌 경제 확대를 안정시키고
자 1989년 2.5%였던 금리를 6%로 인상하는 강력한 금융긴축정책을
실시하였다. 급격한 금리 인상 등으로 이자율이 급등하자 저렴한 금
리로 대출을 받아서 주식과 토지 주택 등에 투자하여 자산 가치를 확
대하던 방법이 통하지 않게 되었다. 주식 가격과 토지 주택 가격은
급락하였고 자산 가격이 하락하자 소비도 급격하게 감소하였다. 기업
의 투자 활동도 축소되면서 고용은 악화되었다. 주식과 토지 주택의
부동산 관련된 대출을 확대했던 금융기관 운영은 부실하게 되었고 회
수하지 못한 대출금으로 불량채권이 확대되었다. 거품경제는 일본 사
회에 장기적으로 영향을 미쳐 잃어버린 10년, 20년, 30년이라는 장기
불황의 원인이 되었다.

### 정치부패

　1955년 이후 자유민주당은 국회에서 압도적으로 안정된 다수 의석
을 확보하면서 정권을 독점하였다. 일본의 수상은 정당 간의 경쟁에

서 승리함으로써 지명을 받는 것이 아니라 자유민주당 당내의 파벌을 통한 권력투쟁으로 결정되었다. 자유민주당 내 파벌은 자신들의 총수를 당 총재로 당선시켜 수상 지명을 받게 하고 자신이 속한 파벌의 의원을 내각 대신으로 임명받게 함으로써 정치적인 권력을 확대할 수 있었다. 따라서 파벌은 보다 많은 국회의원 수를 확보할 필요가 있었고 자신의 파벌에 속한 국회의원의 수를 확대하기 위해 정치 자금 등을 통해 국회의원 및 후보자를 지원하였다. 이 과정에서 많은 정치자금이 합법적인 방법 이외에 뇌물 등의 불법적인 방법으로 확보하는 정치부패가 발생하였다.

1972년 다나카 가쿠에이는 총재 선거에 다량의 금전을 살포하여 선출되었고 1974년 참의원 선거에서 다나카 가쿠에이 수상은 기업으로부터 거액의 정치자금을 받아 헬리콥터를 이용한 지방유세를 지원하는 등 거액의 금전을 이용한 선거전을 전개하였다. 이때 금전을 이용한 매표 행위와 불법 선거운동은 결국 다량의 선거 위반자를 발생시키는 결과를 초래하였다. 다나카 가쿠에이는 수상으로 지명을 받기 전에도 자신의 가족이 운영하는 기업이 매입한 하천 부지를 건설성이 개발하게 하여 가격이 급등하는 등 막대한 시세차익으로 자산을 형성하였다. 다나카 가쿠에이는 결국 미국의 록히드사로부터 받은 뇌물이 문제가 되어 정치인으로서의 생명을 다하게 된다. 이렇듯 권력을 이용하여 자산을 형성하고 금전을 이용하여 권력을 확대하는 정치를 금권정치라고 하여 다나카 가쿠에이가 대표적인 인물이다.

1988년에는 리쿠르트 사건이 발각되었다. 거품경제를 배경으로 취업, 주택정보 등을 취급하며 거대기업으로 성장한 리쿠르트사의 사장이 재개발에서의 편의를 제공받기 위해 가와사키(川崎)시의 간부에게 자사의 주식을 양도한 것이 발각되면서 시작된 조사는 정계, 관계, 학계, 언론계, 재계 등으로 확대되었다. 리쿠르트사의 사장은 자사의 재계와 정치계에서의 지위를 확보하기 위해 자유민주당의 파벌의 총수와 자유민주당 간부, 정계에서 장래성이 있는 중견 정치인, 야당의원, 학계 지도자, 언론사 사장, 재계 유력자 등에게 미공개인 리쿠르트 코스모스 주식을 양도하였다. 이 주식은 공개 후 막대한 수익 창출을 예상하는 것이었다. 리쿠르트 사건으로 다케시타 노보루(竹下登) 수상의 측근도 관련이 된 것으로 판명되어 다케시타 내각이 사퇴하는 계기가 되었다. 일본 사회의 지도자층이 광범위하게 연루된 이 뇌물사건으로 국민들의 정치에 대한 불신은 증대되어 1989년 참의원 선거에서 자유민주당은 참패하여 단독으로 과반을 획득하는 데 실패하였다.

일본 사회에서는 정치를 개혁하여야 한다는 주장이 점차 강해지기 시작하였다. 특히 자유민주당의 파벌이 불법 정치자금의 유혹을 받는 것은 중의원 선거구제가 중선거구제로 복수의 자유민주당 의원이 당선되어야 하는 경우가 많은데, 이 경우 선거 전은 정당 간의 경쟁이 아닌 자유민주당 내의 파벌 간의 경쟁이 된다. 자신의 파벌 소속의 후보자가 보다 많이 당선되기 위해서는 정당이 아닌 파벌 차원에서 정치자금을 비롯한 지원이 필요했던 것이다. 따라서 정치개혁의 내용은 선거구제의 개혁을 비롯한 정당조성금제도 등에 관한 것이었다.

## 제3절. 자민당 정권 우위기

### 1. 자민당 정권 독점 체제의 붕괴

1980년대 말 거액의 불법정치자금 의혹으로 리쿠르트 사건에 이어 도쿄 사가와큐빈(佐川急便) 사건이 발각되었다. 이 사건은 자민당의 총재를 둘러싼 갈등으로 기업과 폭력단까지 연관되어 거액의 배임 사건과 함께 정치자금이 자민당 내의 거대 파벌에 제공된 의혹에서 시작되었다. 이 사건을 둘러싸고 자민당 최대 파벌 내에서는 책임 소재를 둘러싸고 갈등이 증폭되었고 불법 정치자금은 야당에까지 제공된 것이 판명되어 국민들의 정치 불신은 고조되었다.

1993년 정권을 담당하고 있던 자민당의 미야자와 기이치(宮澤喜一) 내각에 대해 야당인 일본사회당, 공명당(公明黨, 고메이토), 민사당(民社黨, 민사토), 사회민주연합(社會民主連合, 샤카이민슈렌고)이 불신임안을 제출하였다. 이에 대해 자민당 내에서도 다수의 의원들이 동조하여 불신임안이 가결되자 미야자와 내각은 중의원을 해산하였다. 이를 계기로 자민당은 분열되어 탈당한 의원들은 새로운 정당을 결성하였다. 다케무라 마사요시(武村正義) 등은 자민당을 탈당하여 정치개혁을 주장하며 신당사키가케(新黨さきがけ)를 결성하였고 오자와 이치로(小澤一郎)를 중심으로 한 자민당 내의 하타(羽田)파는 정계 개편 등을 주장하며 자민당을 탈당하여 신생당(新生黨, 신세이토)을 결성하였다.

한편 구마모토현 지사 출신인 호소카와 모리히로(細川護熙)는 정권 교체의 가능성이 없는 보혁체제를 탈피하여 정권 교체가 가능한 보수 2대정당제를 주장하며 일본신당(日本新黨, 니혼신토)을 결성하여 참의원선거와 지방선거에서 돌풍을 일으켰다.

1993년 제40회 중의원의원 총선거는 자민당이 분열된 상태에서 치러졌고 자민당은 과반 의석을 획득하지 못하는 결과를 초래하였다. 반면 비자민 정당들이 과반을 상회하는 의석을 확보하여 비자민 내각을 구성하였고 오랫동안 정권을 독점하여 오던 자민당 정권은 붕괴되었다.

그렇지만 비자민 내각은 오래 지속되지 못하고 내부 분열을 일으켜 1994년 비자민 내각을 이탈한 일본사회당 위원장을 수상으로 하고 자민당이 중심이 된 자민당, 일본사회당, 신당사키가케의 자사사(自社さ) 연립내각을 수립하였다. 그 후에는 자민당의 총재를 수상으로 하는 자민당 중심의 내각이 민주당에 정권을 내어줄 때까지 지속되었다.

### 비자민(非自民) 연립정권

1993년 미야자와 내각의 불신임안을 둘러싸고 표면화된 자민당의 분열하에 치러진 제40회 중의원의원 총선거에서는 자민당 223석, 일본사회당 70석, 신생당 55석, 공명당 51석, 일본신당 35석, 공산당 15석, 민사당 15석, 신당사키가케 13석, 무소속 30석을 각각 차지하였다. 결과적으로 자민당은 단독으로 과반을 획득하는 것에 실패하였고 비자민 세력이 과반을 확보하여 자민당과 공산당은 제외한 7개당 1회파가 당수회담에서 수상에 일본신당의 호소카와 모리히로를 지명하는 비자민 비공산 내각 구성에 합의하였다. 중의원의장에도 전 일본사회당 위원장 도이 다카코(土井たか子)를 선출하였다.

비자민 연립정권은 여당대표자회의를 설치하고 각 당의 서기장과 대표 간사가 모여 중요사항을 결정하였다. 호소카와 내각은 장기간에 걸친 자민당 정권 독점기의 정관업(政官業: 정계, 관료, 기업)의 유착 구조와 정치자금을 필요로 하는 선거 시스템 등이 국민들의 정치 불신을 초래한 원인이라고 보고 정치개혁을 추진하여 정치개혁 4법을 성립하였다. '공직선거법일부개정법률', '중의원의원선거구획정심의회설치법', '정치자금규정법일부개정법률', '정당조성법'으로 구성된 정치개혁법의 주요 내용으로는 선거구제를 소선거구제 300석, 비례대표(전국을 11블록으로 구분) 200석으로 하고 일인 2표제를 도입하였다. 중선거구제는 정치자금을 요구하는 파벌의 대립을 초래한다고 판단하여 소선거구제를 도입하였다. 또한 불법정치자금을 방지하기 위해 기업 단체 헌금을 1단체에 50만 엔으로 제한하였다.

정치개혁을 목표로 한 비자민 연립정권은 정치개혁 이외의 소비세 등의 문제를 둘러싼 갈등을 초래하였다. 일본사회당은 소비세 증세를 반대하였고 신생당은 국채 발행보다는 소비세 증세에 찬성하였다. 한편 호소카와 수상은 소비세 인상을 대체하고자 내각과의 의견 수렴조차 없이 '국민복지세 구상'을 발표하였지만 여당대표자회의에서 철회하는 등 정권 운영은 혼란스러웠다. 안전보장 자위대 정책 등을 둘러싸고도 일본사회당과 다른 당의 의견의 일치를 보지 못했다. 호소카와 모리히로 수상 개인적으로도 사가와큐빈 그룹으로부터의 차입금 처리에 대해 자민당이 집요하게 의혹을 제기하자 내각 운영에 어려움을 느끼고 수상을 사임하였다.

호소카와 수상이 사직을 하자 비자민 연립 세력의 분열은 표면화되었다. 신생당, 일본신당, 민사당 등을 중심으로 하여 중의원 내에 독립 회파인 '개신(改新)'을 결성하자 소외된 일본사회당은 연립정권

을 이탈하였다. 호소카와 모리히로 수상에 이어 연립내각을 승계한
신생당 당수 하타 쓰토무(羽田孜) 내각은 소수여당인 상태로 발족하였
다. 또한 연립정권의 운영이 실질적으로 신생당 대표간사 오자와 이
치로, 공명당 서기장 이치카와 유이치(市川雄一), 민사당 서기장 요네
자와 다카시(米澤隆)에 의해 이루어지자 실질적인 정권 운영에서 배제
된 신당사키가케 등은 정책에는 협조하되 내각에 국무위원을 추천하
지 않는 각외 협력으로 돌아섰다.

　야당인 자민당은 하타 내각은 소수여당으로 국민의 의사를 반영하
지 못하고 여당 내의 권력의 이중구조는 민주주의에 위배된다는 이유
를 들어 하타 내각의 불신임안을 제출하였다. 하타 내각은 중의원을
해산하여 총선거를 한다면 선거구 분할이 확정되지 않아 소선거구제
로 선거를 치르지 못하고 과거의 중선거구제로 선거가 실시해야 하는
등의 정치 후퇴를 초래하기 때문에 중의원 해산을 하지 않고 총사직
을 선택하였다.


### 자민당 중심 연립정권: 자사사(自社さ) 연립

　하타 내각 총사직 이후 야당으로 전락했던 자민당은 여당으로 복
귀하기 위해 전 수상인 다케시타 노보루를 중심으로 수면 아래 교섭
을 통해 신당사키가케의 다케무라 마사요시와 함께 일본사회당의 무
라야마 도미이치(村山富市)를 수상으로 하는 연립정권을 구상하였다.
　1994년 6월 자민당, 일본사회당, 신당사키가케를 중심으로 한 무
라야마 내각이 출범하였다. 무라야마 내각은 부총리 겸 외상에 자민
당 총재인 고노 요헤이(河野洋平), 대장성(大藏省) 대신에 신당사키가케

대표인 다케무라 마사요시가 입각하고 자민당 의원 13명, 일본사회당 5명, 신당사키가케 2명으로 내각의 대부분을 자민당의원이 차지하는 자민당 중심의 연립내각이었다. 자사사연립정권은 최고의사결정기관으로 '여당책임자회의'를 설치하여 구성원으로는 자민당 간사장, 일본사회당 서기장, 신당사키가케 대표간사를 포함한 '여당정책조정회의' 가운데 자민당 3명, 일본사회당 3명, 사키가케 2명으로 모두 11명이다. '여당책임자회의'에서 결정된 사항은 총리, 외무대신, 대장대신, 통상대신, 여당책임자회의 참여자로 구성된 '정부여당수뇌연락회의'의 확인을 거쳐 내각에서 시행하였다.

한편 일본사회당은 자사사 연립정권에 참여하면서 당의 기본적인 방침을 대폭 수정하였다. 일본사회당은 안보조약을 인정하고 원자력 발전을 허용하며 자위대는 헌법에 위반하지 않는 것이며 일장기(日の丸, 히노마루)를 국기로 기미가요(君が代)를 국가로 인정하는 등 기존의 기본방침을 대폭 변경하였다. 일본사회당을 지지하던 진보세력은 지지를 철회하고 그 이후 일본사회당의 당세는 급격하게 하락하여 국회 내에서의 의석 수는 급감하였다.

무라야마 내각이 실시한 주요 정책으로는 1997년부터 소비세율을 3%에서 5%로 인상하기로 결정하였고 지방분권을 본격적으로 추진하기 위해 지방분권추진법을 제정하였다. 또한 1995년 8월 15일에는 제2차 세계대전과 식민지 지배에 대한 반성과 사죄를 표명하였다.

소수당으로 정권을 운영하던 한계를 느낀 무라야마 수상은 1996년 총사직하고 이어서 자민당의 하시모토 류타로(橋本龍太郎) 수상이 자사사 연립정권의 수상에 지명되었다. 하시모토 내각에서 치러진 제41회 중의원의원 총선거는 소선거구비례대표병립제가 도입된 선거로 자민당은 선거전의 211석에서 증가하여 239석이 되었지만 과반을 획득하지 못하였고 사회민주당으로 당명을 바꾼 일본사회당은 선거전의 30석에서 15석으로, 신당사키가케는 선거전의 9석에서 2석으로 감소하였다. 의석수가 감소한 사회민주당과 사키가케는 연립내각에 국무대신을 파견하지 않는 내각 외 협력으로 돌아서 자민당의 단독정권이 되었다. 자사사연립은 1998년 중의원의원 중 자민당에 복당하는 의원과 무소속에서 자민당으로 입당하는 의원으로 자민당의 의석이 단독과반을 이루면서 소멸되었다. 그 이후 자민당은 정권의 안정적 운영을 위해 정권의 주도권을 유지하면서 공명당, 자유당, 보수당(保守黨, 호슈토) 등과 연립하였고 2003년 고이즈미 내각 이후에는 자민당과 공명당의 연립으로 운영하였다.

　이 시기의 일본 사회의 상황을 보면 먼저 1997년 아시아 금융 위기의 영향을 일본의 홋카이도 다쿠쇼쿠(北海道拓殖)은행, 산요(三洋)증권, 야마이치(山一)증권이 도산하여 금융 불안이 발생하는 초유의 사태가 발생하였다.

　또한 하시모토 내각부터 자민당 정권은 행정개혁에 매진하였다. 1996년 '행정개혁회의(行政改革會議)를 설치하고 1998년에는 중앙성청등개혁기본법(中央省廳等改革基本法)을 제정하였다. 이 법률로 중앙성청등개혁추진본부를 설치하여 내각 기능을 강화하고 국가의 행정기관 재편성 및 국가 행정조직 사무사업의 감량 효율화를 위한 기본적 이념 및 방침을 결정하였다. 2001년에는 중앙정부의 성청을 재편하였다. 중앙정부의 성청을 1부 22성청(省廳)을 1부 12성청으로 재편하였다. 2006년 고이즈미 준이치로(小泉純一郎) 수상은 내각의 기능을 강화하고 정치 주도의 행정개혁을 실시하였다. 중앙정부와 지방정부의 관계를 재정립하기 위해 '국가보조금을 축소 또는 폐지', '지방교부제도를 전면 재검토', '지방으로의 세원 이양'을 위한 삼위일체 개혁도 추진하였다.

하시모토 내각 이후 추진을 기획하여 온 우정민영화(郵政民營化)는 고이즈미 내각에서 본격적으로 추진하였다. 일본 정부가 시행해 온 우정3사업은 국내외 경제단체와 보험업계의 요구를 배경으로 우편, 간이보험, 우편저금을 민영화하는 정책이다. 2003년 특수법인 일본우정공사(日本郵政公社)를 설립하여 우정3사업을 담당하게 하였지만 일본 정부의 외곽단체 직원들도 국가공무원 신분을 유지하는 등 완전한 민영화는 실현되지 않았다. 우정민영화에 대해서는 자민당의 지지기반인 특정한 우편국장들과 은퇴자들의 모임이 반대하였고 민주당을 지지하고 있던 우정 계열 노동조합 그리고 우정성(郵政省) 출신의 관료들이 반대하며 자민당과 민주당에 압력 가하고 있어 원활하게 진행되지 않았다. 고이즈미 수상은 우정민영화를 위한 법률이 참의원에서 부결되자 중의원을 해산하여 총선거를 치른 결과 자민당의 압도적으로 승리하였고 이를 배경으로 2007년 우정민영화법 개정안을 통과시켜 일본우정그룹을 발족하였다.

## 2. 민주당 정권과 자민당 중심 정권 부활

2006년 아베 신조(安倍晋三), 2007년 후쿠다 야스오(福田康夫) 수상의 무책임한 내각 운영 포기로 자민당에 대한 국민들의 지지율은 저조하였다. 자민당은 2008년 수상으로 취임한 아소 다로(麻生太郎)를

내세워 내각 발족 후 중의원을 해산하고 총선거를 실시할 것으로 기
대하였다. 그렇지만 세계금융위기가 발생하자 이에 대응하기 위한다
는 명분으로 아소 다로 수상은 총선거를 연기하자 아소 다로 내각의
지지율은 급락했다. 참의원에서 다수당을 차지하고 있던 야당 민주당
도 총선거가 연기되자 강력하게 반발하였고 연립정권의 참여자인 공
명당도 중의원 해산을 요구하였다.

2009년 제45회 중의원의원 총선거에서는 민주당이 308석을 획득
하여 의석 점유율 64.2%를 차지하였고 반면에 자민당은 119석에 그
쳤다. 민주당 열풍은 총선거 직전에 치러진 도쿄도의회의원 선거에서
자민당이 참패하고 민주당이 제1당이 되는 것에서 확실하게 보였다.

민주당은 2009년부터 정권을 주도하였으나 정국 운영의 미숙과
2011년의 동일본대지진 등에 대한 영향으로 장기간 정권을 유지하지
못하고 2012년 자민당에 정권을 넘겨주었다. 그 이후 자민당은 공명
당과 연립하면서 정권을 운영하였다.

### 민주당 정권

2009년 9월 민주당 대표 하토야마 유키오(鳩山由紀夫)가 수상으로
취임하였다. 민주당은 사회민주당, 국민신당(國民新黨, 고쿠민신토)과 3
당 연립내각을 수립하였다. 민주당은 참의원에서 단독 과반을 차지하
지 못하였기 때문에 안정적 국회 운영을 위해 연립이 필요했으며, 3당
은 중의원 선거를 위해 공동정책을 발표하였다. 정책 합의에는 소비
세율 5% 유지, 우정사업 전면 재검토, 어린이수당 신설, 고등교육 실
질 무상화, 근로자 파견법 전면 개정, 국가와 지방 협의 법제화로 지방

으로의 대폭적인 권한 이양, 긴밀하고 대등한 미일 동맹관계를 위해 미일지위협정 개정과 미군 재편 및 주일미군기지 검토 등의 내용을 포함하였다.

하토야마 내각은 행정개혁으로 국가 운영에서 관료 의존을 배제하고 정치 주도로 할 것과 정치가는 스스로 노력하고 최종적인 결론과 의사결정에 책임을 질 것, 지금까지 실질적인 정책결정을 하던 사무차관(관료)회의를 폐지하고 각료로 구성하는 각료위원회, 각 성의 대신·부대신·정무관에 의한 정무 3역 회의 및 각성 정책회의를 설치하는 등 정책결정의 정부 일원화할 것과 관료의 기자회견을 원칙적으로 금지하고 국회에서 관료가 답변하는 것을 금지하는 것 등을 추진하였다.

중앙정부와 지방정부와의 관계를 지역주권이라는 개념으로 개혁하기 위해 지역주권회의를 설치하고 기초자치체로의 권한 이양을 실시하며 보조금을 일괄 교부금화하고 지방에 설치한 중앙정부의 지부기관을 전면적으로 개혁하고자 하였다.

또한 예산 구성을 투명화 하고 예산의 적절한 편성과 집행을 위해 지금까지 구체적인 검토 없이 관례적으로 시행하여 온 정부 사업의 사업성 검토를 공개된 장소에서 외부의 의견을 받아들이면서 시행하였다[事業仕分け]. 이를 통해 해당 사업에 예산이 목적대로 현장에서 유용하게 사용되고 있는지를 조사하고자 하였다.

아울러 우정민영화를 전면 재검토하였다. 민영화의 결과, 과소지역과 채산성이 없는 지역의 집배국 통폐합, 현금출납기 철거, 송금수수료 인상, 각종 업무 복잡화 등 이용자의 불편을 초래하는 점이 문제가 되어 2012년 우정민영화법을 개정하고 일본우편주식회사를 발족하여 이용에 불편함을 개선하려 하였다.

민주당이 추진하려던 각종 개혁 정책은 국민들에게 신선함을 불러일으켰지만 원만하게 추진되지는 않았다. 특히 재원 부족의 문제는 어린이 수당, 고속도로 무료화 정책에 발목을 잡았다. 오키나와의 미군기지 후텐마(普天間) 기지를 오키나와현 밖으로 이전한다는 공약도 실현 가능성이 보이지 않자 이에 반발한 사회민주당이 연립을 이탈하는 등 하토야마 내각은 궁지에 몰렸다. 또한 하토야마 수상 자신과 민주당 유력 정치인 오자와 이치로의 정치자금 문제가 발생하자 하토야마 퇴진론이 불거져 2010년 간 나오토(菅直人)를 수상으로 하는 내각이 출범하였다. 간 내각은 출범 직후 실시된 참의원 선거에서는 민주당은 다수의 의석을 잃었고 자민당은 의석수를 늘려 참의원은 여소야대가 되었다.

2011년 3월에는 동일본대지진이 발생하였다. 최대 진도 7을 기록하고 지진해일이 발생하여 동북지방의 피해는 막대하였다. 사망이 19,000명이 넘었고, 행방불명이 2,500명을 넘었으며 피해액만 17조 엔에 달하는 것으로 집계되었다. 특히 지진해일로 후쿠시마원자력발전소가 파괴되어 그 피해와 후유증은 오랜 시간 동안 지속되었다. 자민당을 비롯한 야당은 간 내각의 동일본대지진에 대한 불충분한 대응을 비판하며 퇴진을 요구하여 노다 요시히코(野田佳彦) 내각이 수립되었다. 2012년 실시된 제46회 중의원의원 총선거에서는 자민당이 단독과반을 크게 웃도는 의석을 획득하여 총 480석 중 294석을 차지하였다. 반면 민주당은 57석을 획득하여 173석을 잃은 대패를 하였다.

## 자공(自公: 자유민주당, 공명당) 연립정권

2012년 제46회 중의원의원총선거에서 중의원 단독과반을 차지한 자민당은 3년 만에 정권을 되찾았다. 자민당의 아베 신조 총재는 공명당과 연립으로 내각을 구성하였다. 자민당과 공명당의 자공 연립정권은 2013년 참의원의원 선거에서 대폭적으로 의석을 늘려 과반수를 확보하여 국회운영에 안정을 마련하였다. 2014년 실시된 제47회 중의원의원총선거에서는 총 475석 중 자민당 291석, 공명당 35석으로 절대 다수 의석을 획득하여 아베수상의 장기집권의 발판을 마련하였다.

아베 내각이 가장 중점을 둔 정책은 일본 경제를 재생하는 정책이었다. 일본은 1990년대 거품경제가 붕괴되고 2010년대 초반까지 장기간 경제가 침체하였다. 세계금융위기와 2011년의 동일본대지진으로 인한 영향으로 일본 경제는 결정적인 타격을 입었다. 디플레이션이 지속되었으며 명목 GDP 상승률은 0% 수준이었다. 무역수지는 만성적자를 지속하였으며 일본의 엔은 중국의 위안화보다 위상이 저하되었다.

아베 내각은 수상 아베 신조의 성(姓)과 경제의 영어인 이코노믹스를 합성한 아베노믹스라는 조어를 간판으로 내걸고 경제정책을 적극적으로 추진하였다. 아베노믹스의 주요정책은 세 개의 화살로 비유되어 제1화살은 '대담한 금융정책'으로 금융 완화로 유통하는 통화를 늘려 디플레이션에서 탈출하는 것, 시장에서 유통되는 통화를 늘려 디플레이션을 탈출하는 것이다. 제2화살은 '기동직인 재정정책'으로 약 10조엔 규모의 경제대책 예산으로 정부가 스스로 솔선하여 수요를 창출하는 정부지출로 출발하고자 하는 것이다. 제3화살은 '민간투자를 환기하는 성장전략'으로 규제완화를 통하여 민간기업이나 개인이 자신의 실력을 발휘할 수 있는 사회를 만들고 규제완화로 비즈니스를 자유롭게 한다는 것이다. 이로써 지속적인 경제성장을 통한 부의 확대로 국내총생산 성장률 3%를 달성하고자 하는 것이다. 구체적으로 일본은행은 2013년 4월부터 금융시장에 공급하는 돈의 양을 대폭 늘리는 금융 완화로 2%의 물가상승을 목표로 하였다. 또한 동일본대지진의 복구 부흥사업을 중심으로 한 공공투자로 경기를 진작시키려는 목표를 세웠다. 또한 지방창생특구를 도입하여 지방을 활성화하고 법인 실효세율을 인하하며 TPP(환태평양 파트너십, Trans-Pacific Partnership Agreement)를 통한 자유무역을 추진 확대한다는 것이다. 아베노믹스에서 목표로 하고 있던 2년 내의 2% 물가 상승은 달성하지 못했지만 일본 국내 주식의 가격이 상승하고 엔의 가치가 하락하였으며 민간기업의 경영이 회복되었다.

2019년 말부터 세계를 뒤흔든 코로나19는 아베 정권이 야심차게 추진해 온 도쿄올림픽의 개최와 정치적 행보에 영향을 끼쳤다. 아베 정권은 올림픽 성공을 발판으로 정권을 장기적으로 운영함과 동시에 헌법 개정 등을 실시할 의욕을 갖고 있었던 것으로 알려졌으나 2020년 7월 예정되어 있던 올림픽은 2021년 7월로 연기되고 아베 내각은 2020년 9월 총사직하였다.

# 제2부

# 일본의 정치체제

## 제1장

# 일본의 정치체제

## 제1절.  일본의 정치 구조

일본의 정치 구조는 기본적으로 입법, 행정, 사법이 분리되어 서로를 견제할 수 있는 3권분립 체제이다. 이외에 천황(天皇)이 존재하는 입헌제 국가의 성격을 갖고 있다. 제2차 세계대전에서 패배한 후 전쟁 책임 여부가 논란이 된 일본의 천황은 실질적인 정치적 권한을 갖지 않는 존재로 현재 일본국 헌법에는 일본국과 일본 국민의 통합의 상징으로 되어 있다. 일본국 헌법은 헌법에서 천황이 행사할 수 있는 국사 행위를 규정하여 국회에서 지명한 행정부의 내각총리대신(수상)을 임명하는 권한과 내각에서 지명한 최고재판소 소장을 임명하는 권한을 행사할 수 있다. 또한 내각에서 국회의 중의원을 해산하거나 국회를 소집할 경우 형식적으로는 천황의 이름으로 한다.

행정부의 내각과 입법부인 국회의 중의원·참의원, 사법부인 재판소는 상호간의 견제를 하면서 국정을 운영한다. 내각과 국회의 관계에서는 내각은 국회를 소집하고 중의원을 해산할 수 있는 권한을 갖

고 있으며 국회의 경우에는 내각총리대신을 지명하고 내각의 불신임
안을 의결할 수 있다. 내각과 재판소의 관계에서는 내각은 최고재판
소장을 지명하고 기타 재판관을 임명할 수 있는 권한을 갖고 있으며
재판소는 내각의 행위 중 명령, 규칙, 처분이 헌법에 적합한가를 심사
할 수 있는 위헌심사권을 갖고 있다. 국회와 재판소의 경우에는 국회
는 재판관에 대한 탄핵재판을 할 수 있으며 재판소는 국회의 입법이
헌법에 위반되지 않는지를 심사할 수 있다.

재판소는 최고의 사법기관인 최고재판소와 하급재판소로 구성되
어 있으며 고등재판소, 지방재판소, 가정재판소, 간이재판소가 설치
되어 있다. 최고재판소의 재판관은 10년에 한 번씩 중의원의원 총선
거시 국민의 심사를 받는다.

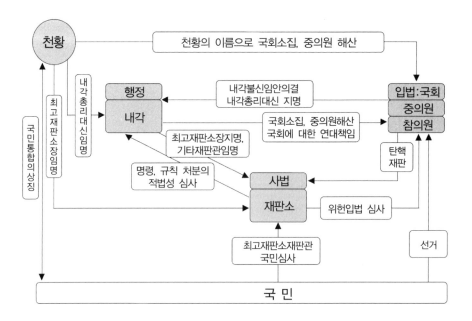

## 제2절. 국회

### 1. 제국의회

제국의회는 1889년 공포된 대일본제국헌법에 의해 설립된 입법기관으로 1890년 제1회 제국의회를 개최하였다. 대일본제국헌법에 의해 제국의회로 귀족원과 중의원이 설치되기 이전 메이지 정부의 입법기관의 역할을 하였던 기관으로 1868년의 의사소(議事所, 기지쇼)가 있다. 의사소는 메이지 정부의 왕정복고와 함께 설치된 일종의 입법기관으로 메이지 정부의 주요 관직인 의정(議定, 기조), 참여(參與, 산요)가 참여하는 상(上)의사소와 조정의 신하와 각 번(藩, 한)에서 선출된 자들로 구성되는 하(下)의사소가 있다. 1868년 정체서(政體書, 세이타이쇼)가 공포되면서 의정관(議政官, 기세이칸/기세칸)이 의사소를 대체하였다. 이어 공의소(公議所, 고기쇼/고시쇼)와 좌원(左院, 사인)이 입법기관으로 설치되었다. 공의소는 1869년 개설되어 각 번 등에서 선출된 공의인(公議人, 고기인)으로 구성되었고 의안제출권을 갖고 있었다. 활동기간이 수개월이라는 짧은 기간이었지만 할복자살, 인신매매 등에 관한 제도를 폐지하는 의안을 제출하였고 무사 혹은 서민들로부터 의안을 제안받았다. 그렇지만 논의가 원활하게 진행되지 않고 건설적인 결론이 나지 않는다는 이유로 폐지되었다. 좌원은 1871년 폐번치현(廢藩置縣, 하이한치켄) 이후 관제개혁에 의해 태정관(太政官, 다조칸) 아래 정원(正院, 세이인/세인), 우원(右院, 우인)과 함께 설치되었다. 정원이 내각에 해당하는 기관이고 우원은 각 행정부 성(省)의 장관 차관으로 구성된 행정상의 연락 및 이해 조정으로 행정사무의 실제적인 심의를 담당하며 정원의 자문을 담당하였다. 이에 비해 좌원은 입법상의 자

문기관으로 관선의원으로 구성되어 입법을 논의하였던 기구이다. 주
요한 업무는 헌법제정을 논의하였으며 보수적인 민법초안을 작성한
것으로 알려져 있다. 1875년에는 좌원이 폐지되고 원로원(元老院, 겐로
인)이 설치되어 메이지 정부의 입법기관의 역할을 담당하였다. 원로원
은 법의 제정과 개정을 담당하였으며 1876년에는 헌법초안의 칙령을
받아 초안을 작성하였다. 원로원은 1890년 제국의회가 개설되면서 폐
지되었다.

대일본제국헌법의 입법기관은 제국의회로 2원제를 채택하여 비공
선(非公選) 의원으로 구성된 귀족원(貴族院, 기조쿠인)과 공선의원으로
구성된 중의원(衆議院, 슈기인)을 설치하였다. 제국의회의 권한은 기본
적으로 천황의 대권을 협찬(協贊)하는 것이었다. 입법권은 천황의 대
권에 속해 있었으며 제국의회의 역할은 천황의 대권을 협찬하는 것으
로 제한되었다. 행정적으로는 국가의 세출입 예산, 국채 발행, 예산외
국고 부담이 필요한 계약 등에 대한 협찬의 역할을 하였다. 제국의회
의 권한은 정부에 비해 매우 제한적이어서 예산의 경우 편성권은 정
부가 갖고 있었으며 제국의회는 삭감할 수 있는 권한만 갖고 있었고
황실 예산의 경우 제국의회의 협찬대상에서 제외되었다. 제국의회는
전원위원, 상임위원, 특별위원 등 위원회제도를 채택하였고 법률안
심의에는 3독회제로 본회의 중심으로 운영되었다.

제국의회는 통상회와 임시회로 운영하였으며 통상회는 매년 12월
에 소집하여 회기는 3개월이 원칙이며 필요에 따라 칙령으로 연장할
수 있었다. 임시회는 긴급하게 필요할 경우 소집하였다. 제국의회의
소집, 개회, 폐회, 정회, 중의원 해산 등은 천황의 대권에 속해 있어
제국의회 운영에도 천황의 권한은 절대적이었다. 중의원이 해산되는

경우에는 귀족원은 정회를 하였다.


### 귀족원(貴族院)

귀족원 1890년 대일본제국헌법에 의해 설치된 이후 일본국헌법이 시행될 때까지 존속하였다. 귀족원의 의원은 황족(皇族)의원과 화족(華族)의원, 칙임(勅任)의원으로 구성되었다. 황족의원은 황족의 남자로 구성되었고 만 18세의 황태손과 만 20세의 황족남자는 자동적으로 의원이 되었으나 실질적으로 의원으로서의 활동은 없었다. 황족남자는 대부분 육해군의 군인으로 복무했기 때문에 군인의 정치 참여 금지 규정에 따라 활동을 하지 않았다. 화족의원은 화족의 남자로 선임하였다. 공작(公爵)과 후작(侯爵)은 초기에는 만 25세가 되면 자동적으로 의원이 되었고 1925년에는 만 30세 이상으로 개정되었다. 이들은 칙허(勅許)를 받아 사직 및 재취임이 가능하였으나 현역군인인 경우에는 활동을 하지 않았다. 화족 중 백작(伯爵), 자작(子爵), 남작(男爵)의 경우에는 초기에는 만 25세 이상 1925년 이후는 만 30세 이상의 작위자 중에서 호선(互選)으로 의원이 되었다. 칙임의원은 국가 공훈자 혹은 학식보유자 중 만 30세 이상의 남자 중에 내각이 추천하고 천황이 임명하였다. 황족의원과 화족의원에 비해 유능하고 실무에 능숙한 인물들로 귀족원의 심의 등을 실질적으로 주도하였다. 칙임의원 중 제국학사원 회원 의원은 1925년 신설되었고 만 30세 이상의 남자 중에서 호선으로 선출된 자들을 천황이 임명하였다. 고액의 직접 국세 납부자 중 만 30세 이상의 남자 중에서 호선으로 선출된 자는 고액납세자 의원으로 천황이 임명하였다. 이외에 조선, 타이완 칙임의원은 식

민지인 조선인으로 일본의 화족 작위를 받은 자 중 화족의원이 되지
않는 자들 중에서 천황이 임명하였다.

귀족원 의원의 임기는 황족의원과 화족의원 중 공작, 후작의원은
종신제였으며 화족의원 중 호선으로 선출된 백작, 자작, 남작의원과
칙임의원은 임기가 7년이다. 귀족원 의원의 수는 1890년부터 1946년
의 제국의회까지 25명에서 400명 정도였으며 주로 천황 혹은 번벌
세력과 가까운 인물들로 구성되었다. 이에 따라 다이쇼 데모크라시
이후에는 귀족원의 개혁에 대한 의견이 분출하였다.

귀족원은 중의원과의 관계에서 예산의 중의원이 예산 우선 심의
권을 갖는 것 이외에는 대등한 권한을 갖고 있어서 중의원에서 통과
한 법률안을 심의하지 않는 등으로 중의원을 견제할 수 있었다. 따라
서 초기에는 정부에 호의적이지 않은 정당 출신 의원이 중의원의 다
수 의석을 차지하는 경우에는 귀족원과 중의원과 대립하는 모습을
보였다.


### 중의원(衆議院)

대일본제국헌법하의 중의원은 귀족원과 더불어 제국의회를 구성
하고 있었다. 귀족원과는 다르게 의원은 제한된 자격을 가진 유권자
에 의한 선거로 선출되었다. 1890년 중의원 개원 당시 의원 정원은
300명이었지만 인구 증감 등의 이유로 정원이 조정되어 1900년대 이
후에는 400명이 넘었다. 선거구제도 개편되었다. 1889년에는 소선거
구제를 기본적으로 채택하고 몇 개의 2인 선거구를 두었다. 1900년에
는 대선거구제로 개편되어 부현(府縣)을 단위로 하는 선거구에서 2인

에서 12인을 선출하였다. 1919년에는 다시 소선거구제를 원칙으로 하되 2인선거구 3인선거구를 설치하였다. 1925년에는 남자보통선거법 시행과 함께 중선거구제로 개편하여 선거구별로 2인에서 5인을 선출하였다. 1945년 여성의 참정권이 인정되면서 대선거구제로 개편하여 선거구별로 4인에서 14인을 선출하였다.

　중의원의원 선거에 참여할 수 있는 선거권은 1889년 시행된 선거법에 만 25세 이상의 일본의 신민(臣民) 남자로 선거인 명부 작성일 이전 만 1년 이상 해당 부현 지역에 본적을 두고 지속적으로 거주한 자, 선거인 명부 작성일 이전 만 1년 이상 해당 부현 지역에서 직접국세 15엔 이상 납부자(소득세의 경우에는 선거인 명부 작성일 이전 만 3년 이상 납부한 자)로 제한되었다. 그 이후 납세액의 한도가 다소 낮아지긴 했지만 선거권은 일본 신민 가운데 만 25세 이상의 남자와 납세 조건이 필요하였다. 다만 현역군인에게는 선거권이 부여되지 않았다. 1925년에는 납세 자격이 폐지되는 남자보통선거법이 시행되어 일본 신민 가운데 만 25세 이상 남자에게 선거권이 부여되었다. 여성에게 선거권이 부여된 것은 1945년이다.

　피선거권은 1889년에 만 30세 이상의 일본 신민 남자로 선거인 명부 작성일 이전 만 1년 이상 해당 선거 부현 지역에서 직접국세 15엔 이상 납부한 자(소득세의 경우에는 선거인 명부 작성 이전 일부터 만 3년 이상 납부한 자)로 거주지 조건은 없다. 이후 1900년에는 남자보통선거법 제정에 앞서 피선거권의 납세 조건이 폐지되었다. 1945년 여성 참정권이 인정되면서 여성에게도 피선거권을 부여하였다.

　제국의회 중의원은 임기는 4년으로 중의원은 칙령으로 해산할 수 있으며 해산일로부터 5개월 이내에 새로운 의회를 소집해야 한다.

중의원은 귀족원과 대부분의 경우 동등한 권한을 갖고 있지만 예산을 우선 심의할 수 있는 권한을 갖고 있었기 때문에 이를 이용하여 정부를 견제하고자 하였다. 중의원은 선거로 선출된 정당 소속의 의원들로 구성되었기 때문에 중의원에서 예산안 심의는 의회정치의 주요 의제였다. 또한 정당이 중심이 되어 내각을 구성한 이후에는 중의원을 중심으로 정당정치가 이루어져 군부가 정계에 진출하고 정당 세력이 약화되어 중의원의 성격이 변화할 때까지 지속되었다.

## 2. 국회

1946년 공포된 일본국 헌법은 국회를 국권의 최고기관이며 국가 유일의 입법기관으로 규정하고 있다. 또한 국회는 중의원과 참의원(参議院, 산기인)의 양의원으로 구성하였다. 중의원과 참의원은 전 국민을 대표하는 선거로 선출된 의원으로 조직하고 있다. 대일본제국헌법에서 제국의회가 천황의 대권을 협찬하는 것과 대조되는 것으로 국회는 주권자 국민의 대표자들로 구성된 최고의 권력기관이다.

일본의 국회가 갖고 있는 권한은 입법권, 조약 승인권, 탄핵재판소 설치권, 내각총리대신 지명권, 재정감독권, 헌법개정 발의권이 대표적이며 위원회 중심의 국회를 운영하고 있다. 국회는 상임위원회와 특별위원회를 두고 있으며 각 의원 내의 복수의 위원회로 연합심사회를 구성할 수 있으며 양원을 상임위원회에 의한 합동심사회를 개최할 수 있다. 또한 참의원은 장기적인 조사 등을 위해 위원회와 같은 성격의 조사회를 설치할 수 있다.

일본 국회의 소집은 헌법상 천황의 국사 행위에 해당되어 천황의 이름으로 국회를 소집한다. 국회는 통상국회와 임시국회, 특별국회를 소집하며 통상국회는 매년 1회로 1월 중에 소집하고 회기는 150일을 원칙으로 하되 1회에 한해 연장할 수 있다. 임시국회는 내각이 필요에 따라 소집하고 국회의원 4분의 1 이상의 요구가 있을 경우에는 반드시 소집을 해야 한다. 특별국회는 중의원 해산에 따라 실시된 총선거 이후에 소집한다. 회기의 연장과 임시국회 등의 회기 결정은 원칙적으로 양원의 일치로 결정하되 불일치할 경우에는 중의원 우월이 적용된다. 회기 중에 심의가 끝나지 않은 의안은 폐기되는 것이 원칙이지만 계속심의도 가능하다.

일본국 헌법 시행 이후 소집된 제1회 국회는 1947년 5월 20일 개최되었다. 일본국 헌법에 따라 참의원은 해산이 없고 임기가 보장되어 있으며 참의원의원 선거를 통상선거라고 하고, 중의원은 임기 만료 이전에 해산이 가능하여 임기가 보장되어 있지 않으며 중의원의원 선거는 총선거라고 한다. 제1회 참의원의원 통상선거는 1947년 4월 20일에 실시되었고 대일본제국헌법하의 중의원선거를 승계하여 실시된 제23회 중의원의원 총선거는 1947년 4월 25일 실시되었다.

참의원과 중의원의 의원의 의원수, 선거방법, 임기 등에 다소 차이가 있다. 참의원과 중의원은 대등한 지위를 갖고 있지만 헌법상 혹은 법률상 중의원의 의결이 우선하는 중의원이 우월적 지위를 갖는다. 참의원과 중의원의 의결 등이 상이할 경우 우선은 양원협의회를 통하여 조정을 진행한다. 양원협의회는 예산, 조약의 승인, 내각총리대신 지명에 대해 의결이 일치하지 않을 경우 개최하며 법률안의 의결이 일치하지 않을 경우 중의원에서 양원협의회 개최를 요구하며 참의원에서 양원협의회 개최를 요구할 경우에는 중의원이 동의하여야만 개최할 수 있어 이 경우에는 중의원의 우월을 적용한다.

　중의원 우월이 적용되는 경우를 보면, 법률안을 의결하면서 중의원에서 가결한 법률안이 참의원에서 부결되었을 때 중의원에서 출석의원 3분의 2 이상의 재 가결이 있으면 법률안이 성립한다. 예산안의 경우에도 양원협의회의에서 의견의 일치를 보지 못할 경우와 중의원 의결안이 참의원으로 회부된 이후 30일 이내에 참의원에서 의결하지 않으면 중의원 의결을 국회 의결로 한다. 조약의 승인도 예산안의 경우와 동일하다. 또한 내각총리대신의 지명의 경우 양원협의회를 거치되 의견이 일치하지 않을 경우에는 중의원의 의결안이 참의원으로 회부된 이후 10일 이내에 참의원에서 의결하지 않을 경우 중의원 의결을 국회 의결로 한다.

　중의원은 참의원에 비해 우월적인 권한을 갖는다. 먼저 예산의 우선 의결권이 있으며 내각불신임안 의결은 중의원만 갖고 있다. 임시국회와 특별국회 회기, 회기의 연장도 중의원이 의결하였지만 참의원이 의결하지 않는 경우 중의원의 의결을 국회의결로 하며 법률안 의결을 둘러싼 양원협의회 청구권도 중의원이 갖는다.

### 참의원(參議院)

　1946년 공포된 일본국 헌법에 따라 설치된 참의원은 중의원과 함께 일본의 국회를 구성하고 있다. 제국의회의 귀족원과는 다르게 국민들의 선거에 의해 선출된 의원으로 조직된다. 중의원 우월 원칙에 따라 예산심의, 의결, 조약승인법률안 의결, 내각총리대신 지명 등에 있어서 중의원의 의결이 참의원의 의결을 우선한다. 그렇지만 헌법개정안 의결은 참의원과 중의원이 동등한 권한을 갖고 있으며 중의원이 해산하였을 때 긴급한 상황이 생기면 참의원은 긴급집회를 소집할 수 있다. 또한 중의원과는 달리 참의원은 내각에 의해 해산되지 않는다. 따라서 참의원의 의원 임기는 6년으로 보장되어 있고 1956년 이후 매년 6월 또는 7월에, 1986년 이후에는 7월에 통상선거라는 이름으로 선거를 실시한다. 참의원 선거인 통상선거는 임기 만료일 전 30일 이내에 선거를 실시하고 통상선거 이후에는 30일 이내에 임시회를 소집한다. 참의원 선거는 정치적 이유로 해산되어 실시되는 것이 아니기 때문에 당시의 정치 사회의 정세가 냉정하게 반영된다고 할 수 있다. 참의원 의원 선거는 3년마다 정수의 반수의 의원을 선출한다. 제1회 참의원의원 통상선거에서 모든 의원을 선출한 후에 득표수에 따라 임기 3년의 의원과 6년의 의원을 구분하여 득표수가 적은 의원의 해당 선거구에 대해 3년 후에 통상선거를 실시하였다. 참의원 의원의 선거권은 만 18세 이상의 일본 국민이 갖고 있으며 피선거권은 만 30세 이상의 일본 국민에게 부여되어 있다. 참의원 의원에 입후보하기 위해서는 일정 금액의 공탁금이 필요하다〔2024년 3월 현재 선거구의 경우에는 300만 엔, 비례구의 경우에는 600만 엔〕.

참의원의 선거구와 선거방식, 정원은 시대에 따라 다소 변화를 보이고 있다.

2024년 3월 현재의 참의원 선거제도는 비례대표 100명 중 50명, 선거구 148명 중 124명을 3년마다 선거한다. 비례대표 선거는 전 도도부현(都道府縣)을 하나의 선거구로 하는 비구속명부식 비례대표제로 유권자가 비례대표 입후보자 또는 정당 명칭을 자필로 쓰는 투표방식

을 채택하고 있으며 선거구의 경우에는 2인 선거구에서 12인 선거구
까지 있으며 유권자는 해당 선거구 후보자 이름을 자필로 써서 투표를
한다. 선거구는 참의원은 비례대표제를 채택하고 있어 전국적인 규모
의 노동조합, 직능단체, 업계단체 등 이익단체의 조직적인 후보와 전
국적인 지명도가 높은 인물이 당선되기 쉬운 구조라고 할 수 있다.

〈참의원 선거제도 및 정원의 주요 변천〉

| 연도 | 선거구제도 | | 정원 | 비고 |
|---|---|---|---|---|
| 1947 | 전국선출 100 | 지방선출 150 | 250 | |
| 1970 | 전국선출 100 | 지방선출 152 | 252 | 오키나와 반환 대비<br>오키나와 지방선출 2명 증원 |
| 1982 | 비례대표 100 | 선거구 152 | 252 | 전국구선거구 폐지 |
| 2000 | 비례대표 96 | 선거구 146 | 242 | 비례대표, 선거구 정원 감소 |
| 2018 | 비례대표 100 | 선거구 148 | 248 | 비례대표, 선거구 정원 증가 |

참의원의 주요 조직은 의장, 부의장, 가의장(假議長), 상임위원장,
사무총장, 조사회 등이 있다. 의장은 참의원을 대표하여 의장의 질서
를 유지하고, 의사 등을 정리하는 역할을 하고 있으며 부의장은 의장
유고시 이를 대행한다. 의장과 부의장이 동시에 유고일 경우에는 선
거로 가의장을 선출하여 의장의 임무를 대행하게 한다. 상임위원장은
각 상임위원회의 의사를 정리하고 질서를 유지한다. 사무총장은 의장
의 감독 아래 의원의 사무를 정리하고 공문에 서명을 하며 국회의원
이 아닌 자 가운데서 선거하는 것을 원칙으로 하되 의장이 지명하는
경우도 있다. 조사회는 장기적이고 종합적인 조사를 위해 참의원에

설치할 수 있는 조직이다.

2024년 3월 현재 참의원 상임위원회는 내각위원회, 총무위원회, 법무위원회, 외교방위위원회, 재정금융위원회, 문교과학위원회, 후생노동위원회, 농림수산위원회, 경제산업위원회, 국토교통위원회, 환경위원회, 국가기본정책위원회, 예산위원회, 결산위원회, 행정감시위원회, 의원운영 위원회, 징벌 위원회가 있다. 상임위원회 이외에 회기중에 필요하다고 인정할 경우 특별위원회를 설치한다.

### 중의원

중의원은 참의원과 더불어 일본의 국회를 구성하고 있다. 전후 제국의회의 귀족원이 폐지되고 참의원이 신설된 것과는 다르게 중의원은 제국의회를 승계하는 형식을 취하고 있다. 따라서 제2차 세계대전 패전 이후 실시된 1947년의 중의원 선거는 제23회 중의원의원 총선거이다. 1945년 중의원의원선거법이 개정되어 여성의 참정권을 인정하면서 중의원의 보통선거가 완성되었고 1950년에는 모든 선거에 적용되는 공직선거법이 공포되면서 중의원의원 선거도 공직선거법에 의해 실시되었다. 중의원은 참의원과는 다르게 내각에 의해 해산을 할 수가 있다. 따라서 법적으로 보장된 임기는 4년이지만 해산을 할 경우에는 임기 만료 전에 임기가 종료된다. 임기 만료에 따른 중의원의원 총선거는 임기 만료부터 30일 이내에 실시하며 해산에 의해 치러지는 총선거는 40일 이내에 실시한다.

중의원의 선거권은 만 18세 이상의 일본 국민에게 부여되며 피선거권은 만 25세 이상 일본 국민에게 부여된다. 중의원의원에 입후보하는 경우에는 참의원과 동일하게 일정 금액의 공탁금이 필요하다 〔2024년 현재 선거구의 경우에는 300만 엔, 비례구의 경우에는 600만 엔(중복 입후보자의 경우에는 300만 엔)〕.

중의원의원을 선출하는 선거제도 및 정원은 다음과 같은 변화를 보이고 있다.

2024년 현재 채택하고 있는 중의원의원 선거제도는 1994년에 개정된 것으로 소선거구·비례대표 병립제이다. 1947년 이후 실시되던 중선거구제는 같은 정당 내의 경쟁을 유발하며 이는 파벌정치의 원인이 되었다. 정당 내의 파벌은 세력을 확대하기 위해 막대한 정치자금이 필요하였고 정치자금 확보를 위한 정계와 경제계가 유착하는 등의 부패가 발생하였다. 1994년 비자민 연립정권은 정치개혁의 일환으로 중선거구제를 개혁하여 소선거구·비례대표 병립제를 도입하였다. 유권자는 소선거구 선출의원과 비례대표제 선출의원을 각각 투표용지에 자필로 써서 투표를 하는 1인 2표를 행사한다. 소선거구에서는 최다 득표자 1명을 선출하며 비례대표를 선출하는 선거구는 전국을 11개 선거구로 나누어 구역별 비례대표 의원을 선출한다〔2024년 3월 현재〕. 비례대표제의 경우에는 유권자가 정당별로 투표를 하고 당선자는 정당이 등록한 명부에 따라 순위에 따라 결정되는 구속명부식을 채택하고 있다. 중의원 입후보자는 소선거구와 비례대표에 중복으로 입후보가 가능하며 이 경우 소선거구에서의 득표율에 따라 당선을 결정하는 석패율을 적용한다.

중의원은 예산심의, 의결, 조약승인, 법률안 의결, 내각총리대신 지명 등에 있어서 우월적 지위를 갖고 있으며 내각 불신임을 결의하는 권한을 보유하고 있다. 중의원에서 내각 불신임안이 가결되거나 신임

〈중의원 선거제도 및 정원의 주요 변천〉

| 연도 | 선거구제도 | | 정원 | 비고 |
|---|---|---|---|---|
| 1945 | 대선거구제 | 2인~4인 선거구 | 468 | 오키나와 선거 미실시 |
| 1947 | 중선거구제 | 3인~5인 선거구 | 466 | |
| 1964 | | 1인~5인 선거구 | 486 | |
| 1970 | | | 491 | 오키니와 선거구 추가 |
| 1975 | | | 511 | 정원 증가 |
| 1994 | 소선거구 비례대표병립제 | 소선거구: 300 비례대표: 200 | 500 | |
| 2000 | | 비례대표: 180 | 480 | 비례대표 정원 감소 |
| 2012 | | 소선거구: 295 | 475 | 소선거구 정원 감소 |
| 2016 | | 소선거구: 289 비례대표: 176 | 465 | 소선거구 변경 비례정원 감소 |

결의안이 부결되는 경우에는 내각은 10일 이내에 중의원을 해산하거나 총사직해야 한다.

중의원의 주요 조직은 참의원과 동일하여 의장, 부의장, 가의장(假議長) 상임위원장, 사무총장을 두고 있으며 그 역할은 참의원과 동일하다. 상임위원회의로는 내각위원회, 총무위원회, 법무위원회, 외무위원회, 재무금융위원회, 문부과학위원회, 후생노동위원회, 농림수산위원회, 경제산업위원회, 국토교통위원회, 환경위원회, 안전보장위원회, 국가기본정책위원회, 예산위원회, 결산행정감시위원회, 의회운영위원회, 징벌위원회를 설치하고 있다. 상임위원회 이외에 특별하게 필요하다고 인정하는 안건 또는 상임위원회의 소관사항에 속하지 않는 특별한 안건을 심사하기 위해 본회의 의결을 거쳐 설치 특별위원회를 설치한다.


## 제3절.  정당

### 1. 전전(戰前)

메이지유신 이후 탄생한 서구형 정당은 애국공당(愛國公黨, 아이코쿠코토), 입지사(立志社, 릿시샤), 애국사(愛國社, 아이코쿠샤)를 비롯하여 국회기성동맹회(國會期成同盟會, 고쿠카이기세이도메이카이), 자유당(自由黨, 지유토) 등이 대표적이다. 이들 정당의 중심세력은 조선침략론을 주장하다가 메이지 정부 내의 권력투쟁에서 패배한 인물들이다. 이들은 메이지 정부의 권력자들이 전제정치를 하고 있다고 비판하면서 민선의원(民選議院) 즉 국회를 개설할 것을 정부에 건의하고 자유민권운동을 주도하였다. 메이지 정부는 국회를 개설할 것 등을 약속하여 정당들의 요구를 수용을 하면서도 집회 등에 관한 규율로 이들을 탄압하였다.

대일본제국헌법으로 중의원의원 선거가 실시되면서 정부에 비판적인 입장의 정당들은 중의원을 중심으로 의회정치를 통하여 정부의 독주를 견제하였다. 메이지 정부는 정국을 안정적으로 운영하기 위해서는 정당의 협조가 필요하였다. 초대 내각총리대신을 역임하고 대일본제국헌법을 만든 유력 정치가 이토 히로부미 등은 정부에 호의적인 정당 창당을 기획하여 1900년 입헌정우회(立憲政友會, 릿켄세이유카이)를 창당하여 자신이 총재에 취임하였다. 이후 입헌정우회는 1940년 모든 정당이 해산될 때까지 친 정부적인 입장을 취하면서 많은 내각 총리대신을 배출하였다.

한편 메이지 후기에는 사회주의적 이념을 주장하며 정치적 활동을 하고자 하는 사회주의 정당이 탄생하였다. 사회민주당(社會民主黨, 샤카이민슈토), 일본평민당(日本平民黨, 니혼헤이민토), 일본사회당(日本社會黨, 니혼샤카이토) 등이 창당되었다. 짧은 기간 활동이 허락되어 정치적 활동을 하기도 하였지만 정부는 사회의 안녕에 해롭다는 이유 등으로 이들 정당을 해산 또는 금지시켰다. 1945년 이전의 일본공산당(日本共産黨, 니혼쿄산토)은 비합법정당으로 존재하였다. 니혼쿄산토의 주장은 치안경찰법에 위반되어 1924년에 해산되었다가 1926년 재창당을 하고 코민테른과 교류를 하며 활동을 하지만 당원과 지지자 그리고 주요 활동가가 일제 검거되는 등 정부의 철저한 탄압으로 소멸한다.

일본이 전쟁을 위한 대대적인 국력 동원을 위해 국가총동원법을 시행하고 이에 따른 사회체제가 작동하면서, 1940년에 모든 정당은 해산한다. 정당의 역할은 대정익찬회(大政翼贊會, 다이세이요쿠산카이)에서만 하게 되었다. 대정익찬회는 이어서 익찬의원동맹(翼贊議員同盟, 요쿠산기인도메이), 익찬정치회(翼贊政治會, 요쿠산세이지카이), 대일본정치회(大日本政治會, 다이니혼세이지카이)로 변화하면서 일본의 제국주의 전쟁체제를 지원하였다.


## 메이지 시대의 정당

1874년 1월 아타가키 다이스케 등은 애국공당(愛國公黨, 아이코쿠코토)을 설립하였다. 최초의 서구형 정치단체인 애국공당은 천부인권론에 기초하여 기본적인 인권을 보호할 것을 주장하며 민선의원의 설립을 요구하였다. 메이지 정부의 고위 관직 경험자를 포함한 자유민권파 8명의 이름으로 정부에 민선의원 설립 건백서를 제출하는 실질적인 행동을 하였다. 그렇지만 같은 해 4월에 이타가키 다이스케 등 중심세력이 고향인 고치(高知)현으로 귀향을 하면서 자연적으로 소멸되었다.

고치현으로 귀향한 이타가키 다이스케 등은 귀향과 동시에 1874년 4월에 입지사(立志社, 릿시샤)를 조직하였다. 입지사는 고치현 출신의 사족(士族)들로 조직되었으며 인권과 자유 확립을 목표로 하여 천부인권을 선언하고 인민의 지식발달과 기풍 양성, 복지 증진, 자유발전을 표방하였다. 메이지 정부의 전제정치를 비판하며 국회 개설을 요구하는 등 자유민권운동의 주도적 역할을 담당하였다. 1880년에는 메이지 정부의 태정관(太政官, 다조칸)에 국회개설을 청원하였지만 거절을 당하였다.

메이지 초기 조선과 대만 침략을 둘러싼 갈등으로 메이지유신의 주요 인물이 중앙정계에서 이탈하고 일부는 정치단체를 형성하고 자유민권운동을 주도하는 등 정국이 안정되지 않자 1875년 유력정치인인 오쿠보 도시미치, 기도 다카요시, 이타가키 다이스케는 오사카에 모여 입헌정치를 수립할 것과 기도 다카요시와 이타가키 다이스케가 메이지 정부의 참의로 복귀할 것을 결정하는 오사카회의가 열렸다. 이때 이타가키 다이스게는 소멸된 애국공당의 조직원을 규합하여 애국사(愛國社, 아이코쿠샤)를 설립하였다. 애국사는 고치현의 사족으로 이루어진 입지사가 중심이 되어 서일본 사족을 규합하였다. 애국사는 도쿄(東京)에 본사를 두고 지방의 가맹단체로부터 파견하는 인원으로 운영하여 중앙과 지방의 정보 수집 및 상호 연락을 취하며 운영을 하였다. 그렇지만 애국사는 이타가키 다이스케가 중앙정부 관직으로 복귀하고 주요 조직원인 서일본 지역의 사족들이 서남전쟁(西南戰爭, 세이난센소)에 참여하면서 소멸하였다.

1880년 서남전쟁 이후 무력에 의한 메이지 정부타도는 불가능하다고 판단한 자유민권운동은 과거의 입지사를 중심으로 애국사를 재창당하였다. 재창당한 애국사는 언론과 대중조직을 통한 자유민권운동 방식을 채택하였다. 이를 위해 국회개설운동을 적극적으로 추진하는 것을 목적으로 전국적인 조직을 결성하였다. 1880년 제4회 대회에서는 애국사가 입지사의 사족들에 의해 폐쇄적으로 운영된다는 비판이 강하게 제기되어 애국사와는 별도로 국회개설운동을 본격화하기 위한 국회기성동맹(國會期成同盟, 고쿠카이기세이도메이)을 결성하였다. 국회기성동맹은 사족이 아닌 호농, 호상 출신자들이 참여하여 활동을 주도하였고 애국사는 그 이후 역할이 미미해지면서 1880년 해산하였다.

국회기성동맹은 먼저 원로원 등에 국회 개설 청원서를 제출하고 국회개설 청원을 위해 오사카를 중심으로 전국각지에서 국회기성동맹을 결성하고 국회가 개설될 때까지 지속적으로 활동할 것을 규약으로 하였다. 또한 청원서를 제출한 이후의 상황에 대해 다음과 같은 대처방안을 마련하였다. 먼저 국회가 개설될 경우에는 헌법제정을 위한 국회에 진출하기 위해 대의원 선출방법을 정하고, 국회에 제출할 헌법 초안을 건의한다. 다음으로 청원서가 거부당할 경우에는 도쿄에서 집회를 개최하여 그 이후의 상황에 대해 방침을 결정한다.

국회기성동맹은 메이지 정부의 태정관, 원로원(元老院, 겐로인)에 제출하였지만 청원권이 없다는 이유로 거부를 당하자 1880년 제2회 국회기성동맹 대회를 도쿄에서 개최하고 전국적으로 서명을 받아 헌법사안(私擬憲法, 사의헌법)을 작성할 것을 결의하였고 1881년에는 헌법사안을 심의하였다. 또한 전국을 12개 구역을 나누어 전국 유세를 실시하였다. 정부는 이에 맞서 집회조례로써 이들을 탄압함과 동시에 1881년에는 1890년의 국회 개설을 발표하였다.

자유당은 1880년 제2회 국회기성동맹 대회에서 애국사 구성원들이 정당결의를 제의하고 준비회를 결성하면서 창당 준비가 시작되었다. 이에 따라 1881년 제3회 국회기성동맹 대회는 자유당 창당대회가 되었고 이타가키 다이스케를 자유당 총리로 선출하였다. 자유당은 규약으로 '자유를 확충하고 권리를 보전하면 행복을 증진하고 사회 개량을 도모한다', '입헌정체를 확립한다'를 발표하였다. 자유당은 도쿄에 본부를 두고 지방에 지방부를 설치하는 등 강령과 조직을 갖춘 일본 최초의 전국적 단일정당으로 평가받고 있다. 자유당은 메이지 정부를 전제정부로 규정하여 비판하고 헌법을 제정할 것과 국회를 조기에 개설할 것을 요구하였다. 또한 인권보장을 기반으로 한 입헌정체를 지향하는 헌법초안을 구상하였다. 경제정책으로는 자유주의경제를 주장하고 있으며 지방의 지주 계층과 중농층 등 지방명망가들의 지지를 받았다. 자유당은 수뇌부의 외국 방문을 둘러싼 메이지 정부와의 결탁 문제, 농민소요에 당원들이 개입하는 것 등에 대한 당내 갈등과 정부의 경제정책에 의한 지방 명망가들의 경제적 기반 붕괴 그리고 메이지 정부가 집회조례를 적용하여 활동을 금지시키는 등의 외압으로 1884년 해산하였다.

## 메이지 전기의 주요 정당

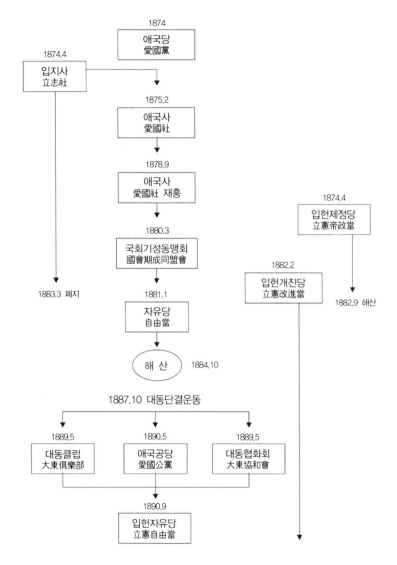

※ 일본사사전(日本史辭典, 角川書店) 참고 작성

메이지 후기부터 모든 정당이 해산될 때까지 여당으로 활동한 정당
은 입헌정우회(立憲政友會, 릿켄세이유카이)이다. 1900년 제2차 야마가
타 아리토모 내각은 당시의 여당인 헌정당(憲政黨, 겐세이토)과의 내각
구성에 대한 교섭에 실패를 하자 이토 히로부미를 중심으로 새로운
당의 창당을 본격화하였다. 이토 히로부미는 예산 의결 및 법률 제정
등 정국을 원활하게 운영하기 위해 친정부적인 정당의 필요성을 절감
하였다. 내각이 정당과 의회의 의견에 크게 개의하지 않는 초연주의
내각에서 정당과 협조하면서 내각을 구성하는 정당내각으로 변화를
모색하였다. 1900년 이토 히로부미는 입헌정우회의 창립위원회를 개
최하여 정당의 초대 총재가 되었다. 입헌정우회에는 이토 히로부미계
의 관료와 귀족원 의원, 헌정당 소속의원, 헌정본당(憲政本黨, 겐세이혼
토), 무소속 의원의 일부가 참여하였다. 출범 당시부터 입헌정우회는
중의원에서 과반을 차지하고 귀족원에도 영향력을 미치는 정당이었
다. 창당 이후 제4차 이토 히로부미 내각이 출범하여 군부대신과 외무
대신을 제외하고는 입헌정우회 간부로 내각을 구성하였다. 입헌정우
회는 정당의 목표와 강령에서 당리당락을 배제하고 국가의 관점에서
내외정책을 추진한다고 하였다. 오로지 공익을 목적으로 행동한다고
표방하면서 지방공공시설의 건설도 공익을 최우선으로 하며 국가의
이익이 최선이고 국가가 모든 것에 비해 우선한다는 의미에서 '당(黨)'
이 아닌 '회(會)'라는 명칭을 붙였다. 입헌정우회의 정당원으로는 상업
회의소 대표, 회사 사장 등 실업가와 변호사, 은행장 그리고 지주에서
기생지주화하고 있는 도시에 거주하는 시의회 의원 등을 영입하였고
미쓰이(三井), 야스다(安田) 등 재벌의 지지를 받았다. 또한 시간이 지
나면서 철도를 국유화하고 신설하며 항구건설, 학교 건설 등의 정책

을 통하여 민중들을 대거 당원으로 입당시켜 당세를 확장하였다.

1901년에는 일본 최초로 사회주의 정당인 사회민주당(社會民主黨, 샤카이민슈토)이 설립 신청서를 제출하였지만 금지 처분을 받았다. 사회민주당은 선언문에서 '인류평등주의', '군비 전면폐지', '계급제도폐지', '토지자본의 공유', '재산분배의 공평', '참정권 평등', '교육기회 균등'을 주장하였고 전국철도의 공유화, 귀족원 폐지, 치안경찰법 폐지, 군비 축소, 보통선거 실시, 노동조합법 제정과 단결권 보장, 소작인보호법 제정, 소년과 부녀자의 야간작업 금지 등을 정책으로 표명하였다. 구체적인 운동으로는 폭력을 배제한 보통선거권 획득과 의회를 통한 합법적이고 평화적인 사회주의 실현을 전개하고자 하였다.

1906년 설립된 일본평민당(日本平民黨, 니혼헤이민토)은 제1차 사이온지 긴모치 내각이 취한 사회주의에 대한 유화정책으로 결성되어 일본정부의 승인을 받은 일본 최초의 합법적 사회주의 정당이다. 일본평민당은 보통선거 실현을 최우선의 목표로 하여 보통선거연합대회를 개최하였다. 일본평민당이 합법적인 정당으로 인정을 받자 일본사회당(日本社會黨, 니혼샤카이토)도 설립 신청서를 제출하여 창당하였고 일본평민당과 합당하였다. 일본사회당은 사회민주당의 의회민주주의를 계승하며 '국법의 범위 내에서 사회주의를 주장한다.'는 것을 표명하였다. 창당 후 일본사회당은 도쿄 시내의 전철요금 인상 반대운동 등 시민운동을 전개하였다. 한편 당 내에서는 총 파업 등을 주장하는 직접행동론파와 노동자의 조직화 보통선거운동을 주장하는 의회정책론파가 대립하는 모습을 보였다. 제2회 당 대회에서는 당론이 '사회주의 실행을 목적으로 한다.'로 변경되자 정부는 사회의 안녕질서 유지를 방해한다는 이유로 치안경찰법을 적용하여 금지처분을 내리고 당은 해산되었다.

## 메이지 후기의 주요 정당

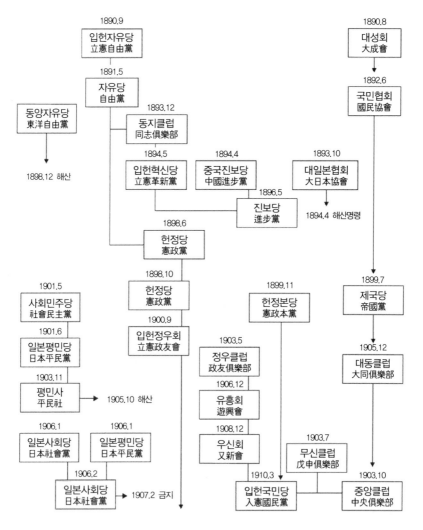

※ 일본사사전(日本史辭典, 角川書店) 참고 작성

## 군국주의 시대의 정당

제1차 세계대전 이후 세계적으로는 사회주의 운동이 활발하게 전개되었다. 일본 사회도 그 영향이 미쳤다. 1921년 코민테른 일본지부 준비회가 발족되었고 1922년에는 일본공산당(日本共産黨, 니혼교산토)이 창당되었다. 일본공산당은 군주제를 폐지할 것과 농민에게 토지를 배분할 것을 주장하였지만 일본공산당의 활동은 창당부터 치안경찰법을 위배한 비합법적인 활동이었고 결국 1924년에 해산하였다. 1926년, 당이 재건되었고 1927년 코민테른과 협조하며 일본 문제에 관한 테제를 발표하였다. 재창당한 일본공산당은 중국에 대한 침략과 전쟁 준비를 반대하는 주장을 하였다. 한편 비합법적인 당의 활동과는 달리 일부 당원은 합법적인 당에 가입하여 중의원의원 선거에서 당선이 되기도 하였다. 일본공산당은 정부의 철저한 감시와 탄압을 받아 1928년과 1929년에 주요 활동가와 당원, 지지자가 대거 검거되었다. 1931년에는 사회주의 혁명론을 활동의 이념으로 하며 특히 전쟁반대 활동에 주력하였다. 만주사변이 발발하자 군대를 철수할 것과 제국주의 일본과 중국의 군사행동을 비난하였다. 1932년에는 일본의 지배구조를 토지를 독점한 지주와 독점자본에 의한 절대주의 천황제로 보고 천황제 타도를 주장하였다.

1938년부터 움트기 시작한 신당 움직임은 1939년 제1차 고노 후미마로(近衛文麿) 내각이 총사직한 이후에 일본의 강력한 지도체제를 형성하자는 신체제운동으로 이어지고 고노에 후미마로가 중심이 되어야 한다는 분위기가 형성되자 기존 정당들은 앞다투어 당을 해산하려는 움직임을 보였고 우익정당인 동방회도 동참하였다. 고노에 후미마

## 군국주의 시대의 주요 정당

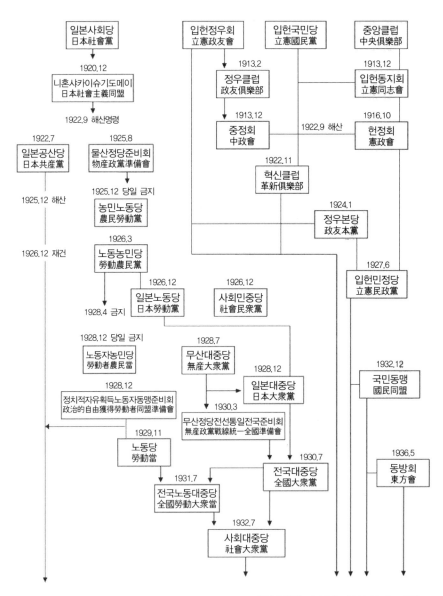

※ 일본사사전(日本史辭典, 角川書店) 참고 작성

로는 신체제운동을 실행할 조직으로 일국일당(一國一黨)을 상정한 대
정익찬회(大政翼贊會, 다이세이요쿠산카이)를 설립하였다. 대정익찬회는
하부조직으로는 전국의 행정조직을 활용하였으며 산하조직으로 각종
보국회를 설치하였다. 1940년 정치결사가 금지된 정치단체와 비합법
정당인 일본공산당을 제외하고 모든 정당이 자발적으로 해산하여 대
정익찬회에 합류하였다. 그렇지만 대일본제국의 헌법은 천황의 직접
통치를 규정하고 있기 때문에 수상을 지도자로 하는 일당독재는 국체
를 위반하는 것이라는 주장 등이 제기되자 대정익찬회는 정치단체로

**총동원체제하의 주요 정당**

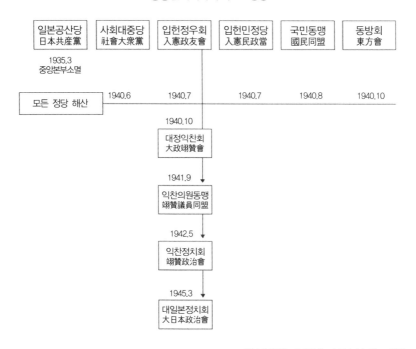

※ 일본사사전(日本史辭典, 角川書店) 참고 작성

써의 출범에 걸 맞는 정강정책, 선언은 없이 정강으로 '대정익찬(大政翼贊)' 즉 천황이 행사하는 정치행위(大政)에 힘을 실어주는(翼贊) 것과 '신도실천(臣道實踐)' 즉 신하가 지켜야 것(臣道)을 실천(實踐)한다는 것만을 규정했다. 결국 대정익찬회는 익찬의원동맹(翼贊議員同盟, 요쿠산기인도메이)을 통하여 정치활동을 하였다. 1942년 제21회 중의원의원 총선거에서는 익찬(翼贊, 요쿠산)정치체협의회가 결성되어 추천한 후보자가 중의원의 81.8%를 차지하였다.

1942년 익찬의원동맹은 익찬정치회(翼贊政治會, 요쿠산세지카이)로 개편되고 익찬정치회에는 귀족원 의원도 합류하였다. 1944년에는 익찬정치회 내부의 갈등 등으로 결속력이 약해지자 대일본정치회(大日本政治會, 다이니혼세이지카이)를 결성하여 일본 열도에서의 전쟁에 대비하고자 하였다. 대일본정치회는 결성 당시 '일억 국민의 총력을 신속하게 결집하여 이를 결전의 전장으로 직결시킨다.'고 한 것에서 알 수 있는 것처럼 대일본정치회는 모든 일본의 국력을 전쟁에 동원하기 위한 정치단체였다.

## 2. 전후(戰後)

제2차 세계대전 종전 이후 일본을 통치하기 시작한 연합국군최고 사령관총사령부(GHQ)는 정치적·종교적 자유를 제한하고 있는 일본 제국정부의 모든 법률, 칙령, 명령, 조례, 규칙 등을 폐지할 것과 사상, 언론, 종교, 정치적 신념 등을 이유로 구금·금고상태에 있는 모든 사람을 즉시 석방할 것을 명령하였다. 정치와 사상적 자유가 보장됨에 따라 정당의 결성도 활발하게 진행되었다. 보수 계열에서는 제일 먼저 1945년 11월 9일 일본자유당(日本自由黨, 니혼지유토)이 결성되었다. 전쟁을 수행하기 위한 국가총동원체제를 지원하기 위해 결성된 대정익찬회에 비판적인 자유주의파가 중심이 되었다. 이에 자극을 받아 1945년 11월 16일에는 대정익찬회의 직계정당인 대일본정치회(大日本政治會, 다이니혼세이지카이) 의원을 중심으로 일본진보당(日本進步黨, 니혼신포토)을 창당하였다. 이어서 중도를 표방하는 정당으로는 1945년 12월에 일본협동당(日本協同黨, 니혼교도토)이 결성되었다. 혁신계 정당으로는 1945년 11월에 제2차 세계대전 종전 이전의 사회주의계열을 우파와 중간파를 중심으로 일본사회당(日本社會黨, 니혼샤카이토)을 결성하였다. 일본공산당은 제2차 세계대전 이후 지하조직으로 존재하다가 1945년 12월에 합법화되었다.

패전 직후 난립하던 정당은 1955년에 좌파와 우파로 분열되었던 일본사회당이 통일대회를 개최하면서 하나가 되었고 이에 대응하고자 보수 계열의 정당은 자유민주당으로 결집을 하였다. 그 이후 일본의 정당 지형은 보수 계열의 자유민주당과 혁신계열의 일본사회당으로 이분화되어 보혁체제가 유지되었다. 1960년에는 일본사회당에서 이탈한 우파 계열의 의원들이 민주사회당(民主社會黨, 민슈샤카이토)을 창당하였고 종교단체인 창가학회(創價學會)를 모체로 한 공명정치연맹(公明政治連盟, 고메이세이지렌메이)을 이은 공명당(公明黨, 고메이토)을 1964년에 결성하였다.

1980년대 말부터 드러나기 시작한 정치부패는 국민들의 정치 불신을 야기했고 정당 등의 쇄신을 요구하는 목소리가 커지기 시작했다. 이러한 가운데 1955년 이후 장기간 정권을 독점해 온 자유민주당은

1993년에 들어서면서 내부 갈등으로 이탈자가 속출하였다. 자유민주당의 이탈자들은 신당사키가케(新黨さきがけ, 신토사키가케), 신생당(新生黨, 신세토) 등을 결성하였고 보수2대 정당제를 주장하는 호소카와 모리히로는 일본신당(日本新黨, 니혼신토)을 창당하였다. 그 이후 이러한 정당들은 민주당(民主黨, 민슈토)으로 이어졌으며 민주당은 입헌민주당(立憲民主黨, 릿켄민슈토), 국민민주당(國民民主黨, 고쿠민민슈토) 등으로 이합집산되었다. 한편 오사카 지역을 중심으로 한 지역정당인 오사카유신의회(大阪維新の會, 오사카이신노카이)를 중심으로 보수 계열인 일본유신의회(日本維新の會, 니혼이신노카이)가 선거에서 선전하며 존재감을 과시하고 있다.


## 자민당 정권 독점기의 정당

1945년 11월 창당한 일본자유당은 대정익찬회에서 추방된 입헌정우회 출신의 자유주의파가 중심이 되어 학자, 문화인, 실업가가 참가하였다. 군국주의적 요소를 근절하고 민주적 책임체제 확립과 학문, 예술, 교육, 신앙의 자유화와 자유로운 경제활동을 촉진한다는 것을 표방하였다. 일본자유당은 1946년 중의원의원 총선거에서 제1당이 되었지만 총재인 하토야마 이치로가 공직자 추방 대상이 되어 정치활동이 금지되자 요시다 시게루가 총재를 계승하였다. 일본진보당은 보수의 자유주의파가 일본자유당을 중심으로 결집을 하자 대일본정치회 출신들이 중심이 되어 창당하였다. 창당선언에서 일본진보당은 공산주의를 배격하고 강건한 사회를 건설할 것을 표방하였고 의회중심의 책임정치, 개인의 자유 존중과 협동자치, 산업균등을 전제로 생산을 장려하며 분배를 공정하게 할 것을 강령으로 채택하였다. 그렇지만 총재를 비롯한 대부분의 유력자들이 공직자 추방의 대상이 되자 외교관 출신의 시데하라 기주로를 총재로 영입하였다.

일본협동당은 보수정당과 혁신정당이 결성되는 가운데 중도적인 입장을 내세우며 창당되었다. 이들은 자본주의도 사회주의도 아닌 노사가 협조하는 협동주의를 주장하며 농림, 중소상공업자 관련 의원들을 결집하였다. 강령으로는 근로, 자주, 상애(相愛)를 기초로 한 협동조합주의로 전쟁으로 폐허가 된 산업, 문화를 재건한다고 하며, 정책대강으로 협동조합을 근간으로 하는 농·공·상 근로자가 다 같이 생산체제를 확립하여 자본독점과 모든 봉건적 요소를 타파할 것을 주장하였다.

혁신계 정당으로 사회주의를 주장하며 일본사회당이 창당되었다. 1945년 새로운 일본을 사회주의로 해야 한다는 것을 목표로 제2차 세계대전 중에 지하 활동을 하고 있던 사회대중당(社會大衆黨, 샤카이 다이슈토)을 중심으로 한 노동운동관계자와 사회운동가들이 결집하였다. 비공산계 합법사회주의 세력들이 대동단결하여 결성하는 모습을 보였지만 내부적으로는 노선 갈등이 심했다. 이로 인해 1947년 중의원의원 총선거에서 제1당이 되어 위원장인 가타야마 데쓰(片山哲)를 내각총리대신으로 하는 연립정권을 수립하였지만 일본사회당을 중심으로 한 내각은 단명으로 끝났다. 특히 1951년 샌프란시스코 강화조약 체결의 찬성여부 둘러싸고 당내의 좌파와 우파가 대립하였다. 특히 재군비를 둘러싸고 재군비에 반대하는 세력이 득세를 하자 평화4원칙을 결정하여 샌프란시스코 강화조약의 대상 국가를 자본주의 진영뿐만 아니라 사회주의진영 국가와도 해야 한다는 전면 강화, 중립 견지, 군사기지 반대, 재군비 반대를 주장하였다. 좌우로 대립하던 일본사회당은 1955년 사회당 재통일을 이루자 보수진영은 자유민주당을 결성하여 보혁체제라는 일본의 정치지형을 만들었다. 일본사회당의 최대 지지세력은 전일본자치단체노동조합(자치로), 일본교직원조합(일교조) 등 관공청(官公廳) 노동조합(관공노)을 중심으로 한 일본노동조합총평의회(총평)로 이들의 정치적 영향력은 매우 절대적이었다.

일본사회당은 1985년 시대의 흐름에 발맞추어 새로운 선언을 채택하였다. 평화혁명에 의한 사회주의 건설을 부정하고 자유주의 경제를 인정하며 당의 성격을 계급적 대중정당에서 국민의 당으로 변화하고자 하였다. 1994년 일본사회당은 과격한 노선을 변경하였다. 자유민주당과 연립정권을 수립하면서 지금까지의 부정적인 입장을 보이던 미일안전보장조약과 원자력발전에 대해 긍정하는 입장이 되었고 자위대를 합헌으로 인정하는 입장으로 전환하였다. 이로 인해 일본사회당은 지금까지의 주장을 뒤집는 결과가 되었고 일본사회당을 지지하던 세력은 지지를 철회하기 시작하였다. 결국 1996년 내각총리대신으로 자유민주당과 연립내각을 이끌던 일본사회당 위원장 무라야마 도미이치 내각총리대신이 사직을 하자 일본사회당은 사회민주당으로 당명을 변경하였다.

일본공산당은 제2차 세계대전 종전 이전에는 비합법정당이었다. 1945년 이후 과학적 사회주의를 이론적 기초로 하는 공산주의 정당으로 합법화되었다. 1946년 강령에서는 연합국군을 해방군으로 보고, 평화혁명론을 주장하여 현재 일본의 상황을 부르주아 민주주의 혁명으로 보며 이를 평화적 민주적 방법으로 완성하는 것을 당면의 기본목표로 명기하였다. 1951년에는 미국 제국주의에 의한 아시아 침략전쟁을 비판하고 중핵자위대를 조직하여 무장봉기를 할 것과 노동자유격부대를 조직하고 산촌(山村)공작대에 의한 혁명을 이룩해야 한다고 주장하였으나 1955년에는 무장투쟁 노선을 극좌모험주의로 비판하고 의회제민주주의 선거를 통한 정권의 합법적 교체를 해야 한다는 주장으로 변경하였다. 1958년에는 외국의 간섭을 받지 않는 자주독립 노선을 선언하여 1989년 중국의 천안문 사건에 대해 중국 공산당을 비판하였고 냉전 붕괴 이후의 구소련의 정책을 제국주의와 타협을 하는 것이며 공산주의 원칙에서 이탈하는 것이라고 비판하였다. 2020년 개정한 강령에 따르면 현재 일본 사회에서 가장 필요한 것은 민주적 개혁으로 '미일안보조약 폐기', '미군기지 철수', '평등한 미일우호조약 체결', '어떠한 군사동맹도 거부', '자위대 해외파병 금지', '국민의 기본적 인권을 제한하고 억압하는 모든 조치 배제', '젠더 평등사회 실현', '천황의 정치 이용 금지와 천황제 존폐에 대해 국민의 총의를 모아 해결', '대기업의 폭력적인 경제 지배 금지', '원자력발전 폐지', '사회주의 공산주의 사회를 위해 모든 생산수단의 소유와 관리 운영을 사회화' 확립을 목표로 하고 있다.

일본사회당과 더불어 보혁체제를 유지하면서 장기간 정권을 독점해 온 자유민주당은 1955년 일본사회당이 좌파 우파의 분열에서 통일이 되면서 이에 위기감을 느낀 보수 세력의 요구에 따라 보수 성향의 자유당과 일본민주당이 하나가 되어 자유민주당(自由民主黨, 지유민슈토)을 창당하였다. 자유민주당은 1993년 이탈자가 나오기 전까지 국회의 다수 의석을 차지하면서 장기적으로 정권을 독점하였다. 자유민주당은 당내 다수의 파벌이 존재하며 파벌들의 협조로 당을 운영하고 내각을 구성하였다. 내각총리대신은 파벌들 간의 권력 관계에 따라 지명되었고 국민들의 지지를 받지 못하는 내각총리대신은 파벌을 달

리하는 인물로 대체하면서 정권이 교체되는 듯한 이미지를 부여하면
서 장기간 정권을 독점할 수 있었다. 자유민주당은 창당선언에서 정
치의 사명은 민생 안정, 공공복리 증진, 자유 독립, 평화 확립이라고
표명하였고 창당 이념으로 의회민주정치와 개인의 자유, 인격의 존엄
을 표방하였다. 당의 성격으로는 국민의 정당, 평화주의 정당, 진정한
민주주의 정당, 의회주의 정당, 진보적 정당, 복지국가 실현을 위한
정당으로 규정하였다. 정강으로는 국민동의 확립, 교육개혁, 정관계
쇄신, 경제자립 달성, 복지사회 건설, 평화외교 전개 그리고 헌법의
자주적 개정을 발표하였다. 자유민주당은 재계와 상공업자, 관리계층,
농민 등의 매우 강력한 지지를 받으면서 초기에는 자주적인 헌법 개
정을 강하게 주장하였지만 1960년대에 들어서면서 소득배증계획, 경
제성장에 중점을 두며 정권을 운영하여 일본이 경제성장을 이루고 국
민들의 생활수준이 향상되며 꾸준한 국민들의 두터운 지지를 확보하
였다. 2010년에는 변화에 따라 새로운 강령을 발표하였다. 진보를 목
표로 하는 보수정당을 내세우며 일본다운 일본으로 세계에 공헌하는
새로운 헌법제정을 주장하며 자율과 질서가 있는 시장경제를 확립하
고 지역사회와 가족의 유대감 및 따뜻함을 재생하며 활력이 넘치는
일본의 이미지로 가족과 지역사회의 국가에 대한 소속감을 유지하고
자립하고 서로 돕는 국민을 목표로 하였다.

　　자유민주당은 당내 조직으로 총재와 부총재, 간사장, 정무조사회
장, 총무회장, 국회대책위원장, 선거대책본부장, 홍보부장 등을 두고
있다. 오랜 시간 동안 국회의 다수를 차지하고 있는 자유민주당 총재
는 내각총리대신으로 지명을 받는 자리이기 때문에 총재는 당을 운영
하기보다는 국정 운영을 담당하고 당의 주요 업무는 간사장이 수행하

고 있다. 또한 국회에서 심의되고 결정되는 사항은 사전에 당내의 정무조사회에서 조정을 거치기 때문에 정무조사회장도 매우 중요한 직책으로 여겨지고 있다.

민주사회당은 1960년 일본사회당을 이탈한 우파 국회의원들이 결성하였다. 반공산주의, 반소련주의를 내세우며 공산주의에 대한 강한 적대감을 표시하였다. 민주사회당은 혁명을 부정하고 대의제 민주주의를 통하여 노동자의 권리를 옹호하는 민주사회주의 건설할 것과 이를 기반으로 혼합경제에 의한 복지국가 건설을 주장하였다. 스스로를 국민근로자의 당이라고 하며 공무원의 수를 삭감하고 관공노조의 파업을 규제하며 미일안전보장 조약을 강화할 것과 헌법9조의 개정에 반대하였다.

1962년에는 종교단체인 창가학회(創價學會, 소카갓카이)를 모체로 한 공명정치연맹이 창설되었고 이를 계승하여 1964년 공명당이 결성되었다. 창가학회는 불법을 신앙으로 하는 종교단체로 정치에 회원을 진출시키는 이유에 대해 국민의 생활을 개선하기 위해 정치를 개혁해야 하며 정계에 인재를 진출시켜 보다 좋은 사회를 건설하며 주민을 위한 주민에 의한 정치를 해야 한다고 하였다. 중도혁신정당을 지향하는 국민정당으로 생명, 생활, 생존을 존중하는 인간주의를 실현하고 인간, 인류의 행복을 추구하는 것을 목적으로 하고 있다. 공명당은 강령으로 '생명, 생활, 생존의 인간주의', '생활자를 중시하는 문화 복지국가', '인간과 자연의 조화', '인류의 이익을 추구하는 지구 민족주의 지향', '세계에 공헌하는 일본', '풀뿌리 민주주의 개화와 지방주권 확립', '민중에 헌신하는 오피니언리더'를 내세우고 있다. 공명당은 창당 이후 많은 정당과의 협조를 하였으며 1993년 비자민비공산 연립정

권에 참여하였다. 1999년부터는 자유민주당과 연립내각을 구성하여
민주당으로 정권이 바뀔 때까지 지속하였다. 그 후 자유민주당이 다
시 제1당이 되는 2012년부터 다시 자유민주당과 연립정권을 이루고
있다.

### 보혁체제와 자민당 정권 독점기의 주요 정당

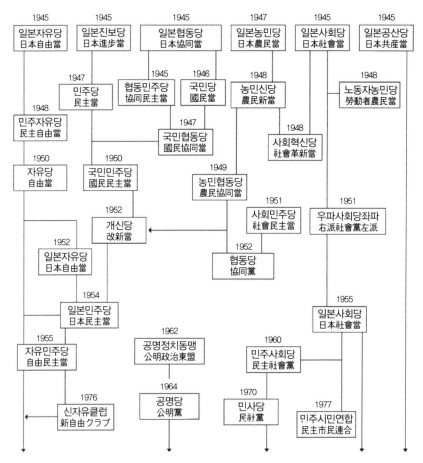

※ 일본사사전(日本史辭典, 角川書店) 참고 작성

## 자민당 정권 우위기의 정당

1992년 구마모토현 지사를 지낸 호소카와 모리히로는 보혁체제하에 고정되고 정체된 기존의 정치 행정을 타파하고 새로운 정책을 추진한다는 구상을 갖고 일본신당을 창당하였다. 일본신당은 입법부주도의 정치체제 확립, 생활의 자주권과 선택의 자유 확대 즉 과도한 인허가제도와 정부규제 철폐, 철저한 지방분권 실현, 다양하고 이질적인 문화를 창조, 세계 평화에 주도권 확보 등을 기본 목표로 설정하였다. 구체적으로는 지구환경 문제에 공헌을 하며, 개방경제를 촉진하고 평화외교를 주도하고 정치개혁을 비롯한 행정개혁 그리고 21세기를 대비하기 위한 교육혁명을 정책 프로그램으로 제시하였다. 표방하는 내용으로 보면 중도우파 정당으로 자유주의, 자유보수주의, 지방분권, 정치개혁 지향하고 있다.

한편 자유민주당으로부터 탈당을 한 다케무라 마사요시와 하토야마 유키오 등은 1993년에 보수주의와 환경주의, 행정개혁을 이념으로 하는 중도 좌파적 성격의 신당사키가케를 창당하여 일본헌법을 존중하고 침략전쟁을 되풀이하지 않으며 지구환경의 심각한 위기에 적극적인 역할을 할 것과 국가의 문화와 전통의 뿌리인 황실을 존중하고 사회적 공정이 작동하는 실질 국가를 목표로 하고 있다고 선언하였다.

자유민주당 내의 하나의 파벌을 이끌고 있던 하타(羽田)파의 하타 쓰토무와 오자와 이치로도 1993년 탈당을 하여 신생당을 결성하였다. 신생당은 자립과 공생을 이념으로 새로운 보수주의를 표방하였다. 기본강령에서는 새로운 일본의 모습으로 '근본적인 개혁을 조기에 실현', '모든 제도를 완화하고 사회적 공정을 도모하는 건전한 시장경제를 발전', '세계에서 신뢰받는 일본', '지방 중심의 활력이 넘치는 정치·경제·문화 발전', '소중한 지구를 지키는 일본', '교육을 국가의 근본으로 하고 생활자의 시점에서 서로를 배려하는 정책을 실행하고 충실한 인생을 보낼 수 있는 일본'을 구상하였다. 신 보수주의와 점진적 개혁, 정치개혁, 규제완화를 정치적 이념과 목표로 하고 있었다.

1994년에는 보수주의적 성격을 가진 신당미라이(新黨みらい, 신토미라이)와 신자유주의와 보수주의적 성격의 자유당이 결성되었다.

1994년 자유민주당, 일본사회당, 신당사키가케가 연립하여 일본사회당 위원장인 무라야마 도미이치 내각이 수립되자 비자민비공산 연립정권에 참가하였던 정당 중 일부가 신진당(新進黨, 신신토)으로 결집하였다. 자유, 공정, 우애, 공생을 창당이념으로 한 중도주의, 신보수주의, 신자유주의 성격의 정당으로 작은 정부와 포괄정당을 지향하였다. 신진당은 창당 당시 중의원과 참의원을 합쳐 214명의 국회의원이 참여하였으며 1995년 참의원 통상선거에서는 의석수를 대폭 확대하였고 비례구에서는 제1당인 자유민주당을 넘어서는 득표수를 획득하였다.

1996년 신당사키가케에서 탈당한 하토야마 유키오와 간 나오토 등은 사회민주당, 신진당 등의 탈당자들을 규합하여 민주당(民主黨, 민슈토: 구(舊)민슈토)을 창당하며 '관료의존의 이권정치 타파'와 '지역주권 사회의 실현'을 주장하였다. 1998년에는 신진당 대부분의 의원이 민주당에 합류하여 새로운 민주당을 출범시켰다〔신 민슈토〕. 신민주당은 행정개혁과 지방분권, 정권교체를 표방하며 자유민주당을 대체하는 정권정당을 목표로 하였고 생활자, 납세자, 소비자를 대표한다고 표방하였다. 이후 2003년에 자유당과 합당하여 2007년의 참의원의원 통상선거, 2009년 중의원의원 총선거에서 승리를 하면서 제1당이 되고 정권을 획득하였다.

민주당의 이념을 계승한 정당으로는 민진당(民進黨, 민신토), 입헌민주당(立憲民主黨, 릿켄민슈토), 국민민주당(國民民主黨, 고쿠민민슈토)이 있다. 민진당은 2016년 민주당에 유신의 당(維新の黨, 이신노토)이 합류하여 결성하였지만 제48회 중의원의원 총선거를 맞이하여 당 대표를 비롯한 간부들이 보수적 이념을 표방하는 희망의 당(希望の黨, 기보노토)과의 합류를 결정하자 진보계열과 민주당 내의 자유주의파 의원들이 민진당을 이탈하여 2017년 입헌민주당(구 입헌민주당)을 결성하였다. 결국 민진당은 총선거 이후 희망의 당과의 합류를 철회하고 2018년 국민민주당으로 당명을 변경하였다. 입헌민주당은 민진당의 이념을 계승하여 풀뿌리 민주주의가 진정한 민주주의라고 주장하며 중도파 또는 진보적이라는 평가를 받고 있다. 창당이념으로는 자유, 공생, 미래에 대한 책임을 표방하고 생활자, 납세자, 소비자, 일하는 사람의 입장에서 자유와 민주주의에 입각한 입헌주의를 수호하고 공생사회를 만들며 미래에 대한 책임으로 개혁을 미루지 않으며 사람에 대한 투자로 지속가능한 경제성장을 실현가고 국제사회에 대해서는 평화와 번영에 공헌한다는 것을 강령에 명시하였다. 2020년에는 입헌민주당(구 입헌민주당)과 국민민주당(구 국민민주당) 의원 대다수가 새로운 입헌민주당을 결성하였다. 2020년 입헌민주당은 기본이념으로 입헌주의, 숙의를 통한 민주정치 수호와 양성, 인간의 생명 수호, 국민이 주역인 정당, 자유와 다양성을 존중, 공생사회 창출, 국제협조를 지향하고 미래에 대한 책임을 표방하였고 입헌주의에 기초한 민주정치로 상징천황제하에 일본국 헌법이 명시한 국민주권, 기본적 인권을 존중하며 평화주의라고 설명하고 있다. 또한 인권을 존중하는 사회와 다양성을 인정하는 공생사회, 사람을 중시하는 행복을 실감할 수 있는 경제, 지속가능하고 안심할 수 있는 사회보장, 위기에 강한 신뢰할 수 있는 정부, 세계의 평화와 번영에 공헌하는 일본을 지향한다고 하였다.

국민민주당은 2018년 민진당에서 잔류하고 있던 의원을 중심으로 결성되었다. 2018년의 국민민주당 대부분의 이념 등은 민진당을 계승하고 있으며 온건보수에서 자유주의자까지 포섭하는 국민이 주역인 개혁 중도정당을 표방하고 있다. 2020년에는 국민민주당과 입헌민주당이 합당하여 새로운 입헌민주당이 결성되자 이에 반대한 의원들이 개혁중도정당을 수호하며 국민민주당을 재결성하였다.

한편 이 정당이 이합집산하고 난무하던 시기에 각종 선거에서 돌풍을 일으키며 주목을 받기 시작한 정당을 일본유신의회이다. 2012년 자유민주당, 민주당 등에서 이탈한 국회의원들이 오사카 지역을 중심으로 한 지역정당인 오사카유신의회를 모체로 일본유신의회(구 일본유신의 회)를 창당하였다. 모체가 된 오사카유신의회가 주장하는 정책은 '참의원 폐지', '수상공선제', '점령헌법개정', '자립하는 개인, 자립하는 지역, 자립하는 국가 실현', '지방분권에 의한 국가운영', '노동시장의 유연화' 등으로 통치기구의 재검토, 재정·행정·정치개혁, 공무원제도 개혁, 교육개혁, 사회보장개혁, 경제정책, 고용정책 세제, 외교방위, 헌법개정 등을 제시하였다. 2014년 당내 대립으로 분열된 이후 몇 번의 이합집산을 거쳐 2016년에 일본유신의회(신(新)일본유신의회)가 되었다. 2016년의 일본유신의회는 2012년의 일본유신의회를 계승하는 강령과 정책을 채택하고 있다. 지방분권형 정당을 표방하며 지방주도의 통치기구 개혁과 지방정부의 권한 강화, 자유경쟁과 개인의

안전구축, 지속가능한 사회보장 실현, 국제사회의 리더십 발휘를 강
령을 제시하고 있다.

### 자민당 정권 우위기의 주요 정당

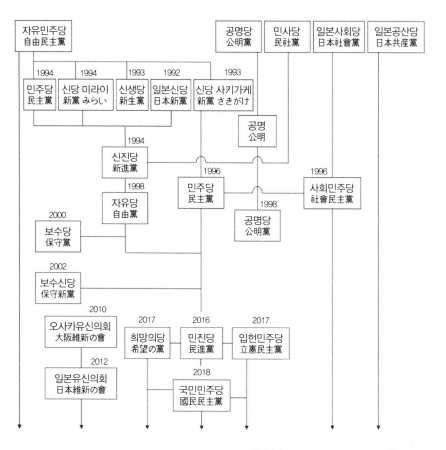

※ 일본사사전(日本史辭典, 角川書店) 등 참고 작성

## 제2장

# 일본의 행정체제

## 제1절. 행정

### 1. 전전(戰前)

에도막부(江戸幕府, 에도바쿠후)를 붕괴시킨 메이지 정부는 에도막부의 직제를 폐지하고 1868년 왕정복고 이후 새로운 국가기관을 설치하여 통치하였다. 삼직(三職, 산쇼쿠)제도를 시작으로 태정관(太政官, 다조칸)제와 1885년 내각제도를 통하여 국가 행정을 운영하였다. 행정조직의 관료제도도 정비하였다. 대일본제국헌법(大日本帝國憲法)에는 정부의 행정권은 천황이 행사하며 국무대신들이 보필하는 것으로 되어 있고 관리의 복무에 대한 규정인 관리복무기율(官吏服務紀律) 제1조에는 '천황 및 천황의 정부에 대해 근면하게 충성과 순종을 하는 것을 규정한 법률명령'이라고 하고 있다. 행정조직과 관리 제도는 천황의 대권 행사를 중심으로 되어 있었다.

## 행정체제

메이지 정부는 1868년 1월 삼직제도를 설치하였다. 삼직은 총재(総裁, 소사이), 의정(議定, 기조), 참여(参與, 산요)의 직책으로 구성되었다. 삼직은 메이지 정부의 정책을 결정하는 조직으로 총재에는 천황가의 친왕이 취임하여 국정을 총괄하였고 의정에는 황족과 공경(公卿) 그리고 주요 번의 번주, 참여에는 귀족 및 주요번의 번사들이 임명되었다.

1868년 2월에는 삼직을 7과로(이후에는 8국으로) 분리하여 총재는 전반적인 업무를 총괄하고 결재하며 의정은 각 과의 사무를 관리하는 직책인 총독을 겸임하고 참여는 각 과의 사무를 분장하여 담당하였다.

1868년 6월에는 정체서(政體書, 세이타이쇼)에 따른 관제가 제정되었다. 태정관의 권력을 입법과 행정, 사법으로 구분하여 각각에 의정관(議政官, 기세이칸), 행정관(行政官, 교세이칸), 형법관(刑法官, 게이호칸)에게 담당을 하게 하였다. 이에 따라 행정관에는 신기관(神祇官, 신기칸), 회계관(會計官, 가이케이칸), 군무관(軍務官, 군무칸), 외국관(外國官, 가이코쿠칸), 민부관(民部官, 민부칸: 1869년 5월 설치)을 설치하였다. 이어 1869년 8월에는 직원령(職員令)으로 태정관에 행정을 담당하는 민부성(民部省, 민부쇼), 대장성(大藏省, 오쿠라쇼), 병부성(兵部省, 효부쇼), 궁내성(宮內省, 구나이쇼), 외무성(外務省, 가이무쇼), 공부성(工部省, 고부쇼: 1870년 신설), 탄정대(彈正台, 단조다이: 1871년 폐지) → 사법성(司法省, 시호쇼: 1871년 신설)을 설치하였다.

1875년 4월에 의회를 개설한다는 입헌정체수립의 조서(立憲政體의 詔書)가 발표되고 관제가 개혁되었다. 사법부에 해당하는 대심원(大審

院, 다이신인)과 정부 최고의 기관인 정원(正院, 세인)과 중앙성청으로
대장성, 육군성(陸軍省, 리쿠군쇼), 해군성(海軍省, 가이군쇼), 사법성, 궁
내성, 외무성, 내무성(內務省, 나이무쇼), 문부성(文部省, 몬부쇼), 교부성
(敎部省, 교부쇼), 공부성(工部省, 고부쇼), 농상무성(農商務省, 노쇼무쇼)을
설치하였다.

1885년 내각제가 실시되면서 지금까지의 태정관제는 내각제로 개
편이 되었고 내각총리대신 및 내각의 운영방법을 규정한 내각직권(內
閣職權)이 제정되었다. 내각은 내각총리대신과 각 성을 관장하는 국무
위원으로 구성하였다. 국무대신이 관장하는 중앙성청으로는 외무성,
내무성, 대장성, 육군성, 해군성, 사법성, 문부성, 농상무성, 체신성(遞
信省, 데이신쇼)을 설치하였다. 1889년의 대일본제국헌법에 따라 제정
된 내각관제(內閣官制)는 1885년의 내각직권에서 규정한 중앙성청을
그대로 계승하고 있다.


### 관리

메이지 정부 초기의 삼직제에서의 참여에 주요 번에서 파견된 번사
가 등용되어 행정을 담당하였다. 그 이후 삼직 7과제 8국제가 실시되
고 정체서에 의한 관제가 실시되면서 각 번에서 유능한 인재를 징사
(徵士, 조시)·공사(貢士, 고시)로 선발하여 징사는 주로 참여 혹은 행정
관으로 임용하였고 공사는 주로 의정관으로 임용 하었다. 득히 정체서
가 시행되면서 관료를 공선으로 채용하여 임기를 4년으로 하는 관리
공선제가 짧은 기간 실시되기도 하였다.

그 이후 관리는 1887년 제정된 문관시험시보및견습규칙(文官試驗

試補及見習規則)에 따라 선발하였다. 선발방식은 고등시험(高等試驗)과 보통시험(普通試驗)으로 나누어 시험을 치르고 고등시험 합격자는 주임관(奏任官, 소닌칸)으로, 보통시험 합격자는 판임관(判任官, 한닌칸)으로 등용하였다. 다만 제국대학 법학과 문과 졸업자는 고등시험을 면제 받았고 관립과 공립 중학교 졸업생은 보통시험을 면제 받았다. 1893년에는 문관임용령(文官任用令)이 제정되어 고등시험의 제국대학 법학과 문과 졸업자의 면제제도가 폐지되었다.

　메이지 시대 이후 관리는 고등관과 판임관으로 나뉘었다. 그리고 고등관은 다시 친임관(親任官, 신닌칸), 칙임관(勅任官, 조쿠닌칸), 주임관으로 구분하였다. 친임관은 가장 높은 관리의 직위로 천황이 직접 임명하는 형식을 취하고 있으며 내각총리대신·국무대신 등이 해당된다. 칙임관은 천황의 칙령에 의해 임명되는 관리로 차관급 등이 여기에 해당된다. 천황의 칙령으로 임명되기 때문에 1893년의 문관임용령에는 칙임관은 고등시험의 합격 여부와 관계없이 임명할 수 있었지만 1899년 제2차 야마가타 아리토모 내각에서 정당 세력이 칙임관에 임용되어 관리로 진출하는 것을 견제하여 특별한 경우를 제외하고는 칙임관에는 주임관에서 임용하는 것으로 하였다. 그 이후 1913년 야마모토 곤노효에 내각은 당시의 호헌운동이 활발하고 정당의 영향력이 커지자 칙임관으로 임용범위를 확대하였다. 주임관은 담당 국무대신의 요청으로 내각총리대신을 경유하여 천황의 재가로 임용하여 정부 중앙성청의 주요 업무를 담당하였다.

　판임관은 하급 관리에 해당하여 각성의 사무를 담당하며 기술 계통의 실질적인 업무를 수행하였다. 보통시험에 합격자 혹은 일정 기간 이상 고용되어 재직한 자들도 임용되었고 천황의 위임을 받아 국무대신이나 지방장관 등이 임명을 하는 형식을 취하였다.

## 2. 전후(戰後)

전전의 내각제도 등의 행정조직은 1947년 공포된 일본국헌법(日本 國憲法)에도 그대로 계승하였다. 다만 주권의 주체가 천황이 아닌 국 민에게 있다는 선언을 하고 내각은 행정권을 행사하면서 국민의 대표 기관인 국회에 연대책임을 진다고 하고 있다. 관리복무기율도 개정하 여 공무원의 임무를 '국민전체의 봉사자로 성실하고 근면하게'라고 명시하였다. 또한 시대의 흐름에 따라 필요한 부처가 신설되는 등 행 정조직의 신설과 개편이 시행되었으며 2000년대 이후에는 행정의 효 율성 등을 고려하여 조직을 전면적으로 재편하였다. 또한 공무원을 채용하는 절차도 수차례에 걸친 개정을 하였다.

### 행정체제

1947년 일본국헌법 시행과 동시에 필요한 행정조직을 정한 행정관 청법(行政官廳法)에 따라 설치된 중앙성청은 총리청(總理廳, 소리초), 외 무성, 내무성, 대장성, 사법성, 문부성, 후생성(厚生省, 고세이쇼), 농림 성(農林省, 노린쇼), 상공성(商工省, 쇼코쇼), 운수성(運輸省, 운유쇼), 체신 성이 있다. 1947년 GHQ는 제국주의 전쟁에 가장 많이 동원되었고 분권화 추진에 걸림돌이 되는 내무성이 해체하였다. 그 이후 일본의 부흥을 위한 건설성이 1948년 설치되었다. 1949년에는 지방자치의 활성화를 지원하기 위한 지방자치청이 설치되었고 1952년에 자치청으로 개편된 후, 1960년 자치성으로 승격되었다. 또한 국제정치적으로 한반도에서 전쟁이 발발하고 냉전이 격화하자 미국의 강력한 요구와 일본의 안전보장을 명목으로 보안청(保安廳, 호안초)이 설치되고 1954년 방위청(防衛廳, 보에이초)으로 개편되었으며 2007년에는 방위성(防衛省, 보에이쇼)으로 승격되었다. 과학기술과 환경의 중요성이 점차 증대함에 따라 1954년에는 과학기술청(科學技術廳, 가가쿠기주쓰초)이 신설되었으며 1971년에는 환경청(環境廳, 간쿄초)이 신설되었다.

1960년대 말부터는 행정조직 전반에 관한 검토를 요구하는 목소리가 나오기 시작하여 행정조직의 종합관리를 담당하는 총무청(總務廳, 소무초)을 1984년에 신설하였다.

중앙성청을 본격적으로 재편하기 위한 작업은 1998년 중앙성청등개혁기본법(中央省等廳改革基本法)을 제정하면서 시작되었다. 이 법에서는 중앙성청의 내각기능을 강화하고 국가의 행정기관을 재편하여 국가의 행정조직 및 사무 사업을 축소하고 효율적으로 운영하기 위한 개혁을 기본이념으로 하고 있다. 이 법에 따라 중앙성청등개혁추진본부(中央省廳等改革推進本部)를 설치하여 중앙성청을 개편하였다. 2001년 중앙성청은 지금까지의 1부(府) 22성청(省廳)을 1부 12성청으로 재편하였다. 크게 재편된 내용을 보면 총리부(總理府, 소리후), 경제기획청(經濟企劃廳, 게이자이키카쿠초) 등을 내각부(內閣府, 나이가쿠후)로 하고 총무청, 우정성(郵政省, 유세이쇼), 자치성(自治省, 지치쇼)을 총무성(總務省, 소무쇼)으로 통합하였다.

2023년 7월 현재 일본의 행정기관으로는 내각부, 디지털청(デジタル廳, 데지타루초), 부흥청(復興廳, 홋코초), 총무성, 법무성(法務省, 호무

### 2001년 중앙성청재편

| 중앙성청 재편 전 | 중앙성청 재편 후 |
|---|---|
| 총리부(總理府), 경제기획청(經濟企画廳), 오키나와개발청(沖繩開発廳), 총무청(總務廳) 일부, 과학기술청(科學技術廳) 일부, 국토청(國土廳) 일부 | 내각부(內閣府) |
| 총무청(總務廳), 우정성(郵政省), 자치성(自治省) | 총무성(總務省) |
| 법무성(法務省) | 법무성(法務省) |
| 외무성(外務省) | 외무성(外務省) |
| 대장성(大藏省) | 재무성(財務省) |
| 문부성(文部省) 과학기술청(科學技術廳) | 문부과학성(文部科學省) |
| 후생성(厚生省), 노동성(勞働省) | 후생노동성(厚生勞働省) |
| 농림수산성(農林水産省) | 농림수산성(農林水産省) |
| 통상산업성(通商産業省) | 경제산업성(經濟産業省) |
| 운수성(運輸省), 건설성(建設省) 국토청(國土廳), 홋카이도개발청(北海道開発廳) | 국토교통성(國土交通省) |
| 환경청(環境廳), 후생성(厚生省) 일부 | 환경성(環境省) |
| 국가공안위원회(國家公安委員會) | 국가공안위원회(國家公安委員會) |
| 방위청(防衛廳) | 방위청(防衛廳) |

방위청은 2007년 방위성으로

※ 위키피디아 재팬 중앙성청재편(https://ja.wikipedia.org/wiki/) 참고 작성

쇼), 외무성, 재무성(財務省, 자이무쇼), 문부과학성(文部科學省, 몬부카가 구쇼), 후생노동성(厚生勞働省, 고세이로도쇼), 농림수산성(農林水産省, 노 린스이산쇼), 경제산업성(經濟産業省, 게이자이산교쇼), 국토교통성(國土交通省, 고쿠도코쓰쇼), 환경성(環境省, 간쿄쇼), 방위성이 있다.

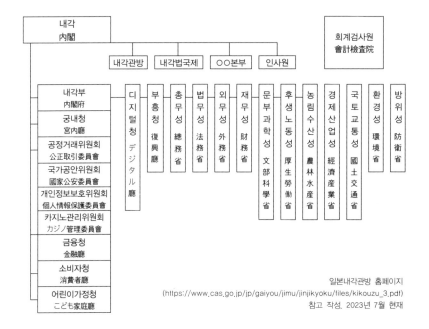

일본내각관방 홈페이지
(https://www.cas.go.jp/jp/gaiyou/jimu/jinjikyoku/files/kikouzu_3.pdf)
참고 작성. 2023년 7월 현재

## 공무원

일본국헌법에는 공무원에 대해 '공무원을 선정하고 파면하는 것은 국민 고유의 권리'라는 원칙을 제시하며 공무원은 '전체의 봉사자로 일부의 봉사자가 아니다.'라고 규정하고 있다. 즉 공무원은 주권자인 국민 모두에게 봉사를 해야 하며 원칙적으로 공무원의 지위와 그에 관한 제도는 국민의 권한에 기초하고 있다는 것이다. 일본의 국가공무원과 지방공무원으로 구분하고 있으며 국가공무원법과 지방공무원법에 따라 임명한다. 국가공무원은 국가의 각 기관의 직원 그리고 국가의 행정사무와 밀접한 관계를 갖고 국가의 지시 등에 따라 사무를 집행하는 행정집행법인의 임원과 직원을 말하며 지방공무원

은 지방정부에 속하는 공무원 등을 말한다. 또한 국가공무원과 지방
공무원에는 일반직과 특별직이 있다. 국가공무원의 특별직으로는 대
표적으로 내각총리대신, 국무대신, 재판관 및 재판소 직원, 국회의원
과 국회의원 비서, 방위성의 직원, 독립행정법인에 규정한 행정집행
법인 임원 등이 있고 일반직은 특별직 이외의 국가공무원을 말한다.
지방공무원의 특별직으로는 주민들의 투표로 당선된 직책, 지방의외
에서 선거 또는 의결로 임명된 직책, 지방공영기업 관리 등의 직책,
특정지방독립행정법인 임원 등이 있고 일반직은 특별직 이외의 직책
을 말한다.

　국가공무원과 지방공무원의 일반직은 각각 채용 시험을 통해 선발
한다. 국가 공무원의 채용시험은 인사원에서 관장하며 1945년 이후
몇 차례에 걸쳐 변화하였다. 1957년의 채용시험은 상급, 중급, 초급으
로 구분하여 상급은 대학 졸업 정도, 중급은 단기대학·고등전문학교
졸업 정도, 초급은 고등학교 졸업 정도 수준의 평가를 하고 있으며
1960년부터는 대학 졸업 정도를 상급의 갑종, 을종으로 구분하였다.
1985년에는 대학 졸업 정도를 Ⅰ종과 Ⅱ종으로 나누고 고등학교 졸업
정도를 Ⅲ종으로 하였다. 2012년에는 대학 졸업 또는 대학원 수료 정
도 수준을 평가하는 종합직 일반직 전문직이 있으며 고등학교 졸업자
를 대상으로 일반직 전문직으로 재편되었다. 상급, 중급, 초급 또는
Ⅰ종, Ⅱ종, Ⅲ종의 시험은 학력 수준을 평가하는 것으로 학력에 대한
제한은 없다.

　지방공무원 채용 시험은 지방공공단체별로 진행을 하며 일반적으
로 상급, 중급, 초급으로 나누며 상급은 대학 졸업 정도, 중급은 단기
대학 졸업 정도, 초급은 고등학교 졸업 정도 수준을 평가한다.

**국가공무원채용시험의 변천**

| | 1957년 | 1960년 | 1985년 | | | 2012년 |
|---|---|---|---|---|---|---|
| 대학 졸업 정도 | 상급 | 상급(갑, 을) | I종 | 대학 졸업 (대학원 수료) 정도 | | 종합직 일반직 전문직 |
| | | | II종 | | | |
| 단기대학 고등전문학교 졸업 정도 | 중급 | 중급 | | | | |
| 고교 졸업 정도 | 초급 (1955년) | 초급 | III종 | 고교 졸업 정도 | | 일반직 전문직 |

인사원(人事院) 홈페이지
(https://www.jinji.go.jp/kouho_houdo/koumuinhakusyo/hakusho/h28/4-1.html)
참고 작성

## 제2절. 내각

1885년 태정관제가 폐지되고 내각제도가 신설되고 동시에 내각의 운영기준을 정한 내각직권(內閣職權)을 제정하였다. 대일본제국헌법의 제정과 제국의회의 개설에 대비하여 행정부의 재편이 필요하였던 것이다. 내각직권에 따르면 '내각총리대신은 각 대신의 수반으로 중요한 업무를 천황에게 보고하여 뜻을 받들고 정치의 방향을 지시하여 행정각부를 총괄적으로 감독한다.', '각 성(省)의 대신은 그 맡은 임무의 사무에 대해 상황을 내각총리대신에게 보고해야 한다.'라고 하여 내각총리대신은 행정부 운영에 대해 강력한 통제권을 갖고 있었다. 1889년에 대일본제국헌법(大日本帝國憲法)에 규정한 행정각부에 관한 사항은 내각관제(內閣官制)로 규정하였다. 대일본제국헌법에는 내각과 내각총리대신에 대한 규정은 없고 '국무대신은 천황을 보필하고 그 책임을 다한다.'라는 내용이 있다. 즉 행정권은 천황의 대권(大權)으로 국무대신은 이를 보필하며 내각은 국무대신이 각 정책을 결정하고 행정상의 방침을 통일하기 위해 협의하는 조직체였다. 내각관제에는 '내각총리대신은 각 대신의 수반으로 중요한 업무를 천황에게 보고하여 그 뜻을 받들고 행정각부서의 통일을 유지한다.'라고 되어 있어 내각총리대신은 국무대신과 동등한 입장으로 단순한 수석의 지위만을 갖는 것으로 되어 있다. 국무대신은 천황에 대해서 단독으로 책임을 지게 되어 있다. 따라서 내각총리대신이 자신의 내각을 유지하기 위해서는 내각의 통일이 매우 중요하였다. 이를 이용하여 군부는 정당이 중심이 된 내각을 견제하기 위해 군부 관련 대신을 파견하지 않거나 사직시킴으로써 내각 불통일을 유도하여 총사직시키는 경우도 발생하게 된다.

전전의 내각총리대신은 천황의 명령으로(大命降下) 내각을 조직하는 것으로 되어 있다. 그렇지만 실질적으로는 천황의 자문을 받은 원로와 중신들의 회의에서 협의로 결정하였다. 정당정치가 발달한 다이쇼 시대에도 중의원의원총선거를 참조하여 원로와 중신들의 회의에서 내각총리대신을 추천하는 형식을 취하였다.

1885년 내각제도가 창설되어 1945년 제2차 세계대전에서 패전할 때까지 내각의 성격은 정치적 흐름과 밀접한 관계가 있다. 메이지유신 이후 권력을 장악하고 있던 번벌(藩閥), 관료, 귀족 세력과 이를 견제하는 정당 세력 그리고 군국주의 전쟁 시기의 군부 세력은 각각 내각을 수립하면서 초연내각·정당내각 군부 중심의 거국일치내각을 수립하였다.

1947년 일본국헌법과 내각법 시행으로 내각은 의원내각제를 기본으로 행정권의 주체가 되었다. 행정권은 내각에 귀속되었고 국가의 행정사무는 내각의 책임이었다. 내각총리대신은 내각의 수장으로 내각을 대표하고 내각의 통일성과 일체성을 확보하기 위해 국무대신의 임명과 파면권 등을 가졌다. 일본국헌법 제73조에는 내각은 일반 행정 이외에 '법률을 성실하게 집행하고 국가 사무 전체를 관리', '외교 관계 처리', '조약 체결', '법률에서 정하는 기준에 따라 관리에 관한 사무를 장악', '예산을 작성하고 국회에 제출', '헌법 및 법률의 규정을 실시하기 위해 정령을 제정', '대사면 특별사면 감형 형의 집행 면제 및 복권을 결정'을 수행한다고 명시하고 있다.

내각총리대신은 국회의원 중에서 국회의 의결로 지명하고 국무대신의 과반수는 국회의원 중에서 임명하지 않으면 안 된다. 따라서 내각총리대신과 국무대신은 국회에서 국회의원의 과반수를 차지한 정당(또는 과반수를 확보한 연립한 정당)에서 배출한다. 그렇지만 실질적으로는 집권당 내의 파벌의 권력관계로 내각총리대신과 국무대신이 결정되는 경우가 대부분이다. 특히 1955년 이후 보혁체제하에서 국회의 압도적인 의석수를 확보한 자유민주당 정권 독점기에는 내각의 수립과 붕괴는 자유민주당의 파벌 간의 정치적 타협에 의해 결정되는 경우가 많았다.

전후 일본의 내각의 성격은 보수당 중심의 내각 또는 일본사회당 중심의 연립내각이었지만 1955년 보혁체제에서는 자유민주당이 장기간 내각을 담당하였다. 1993년 제40회 중의원의원총선거에서는 자유민주당이 단독으로 국회의원의 과반수를 확보하지 못하면서 비

**일본국 내각총리대신 선출방식**

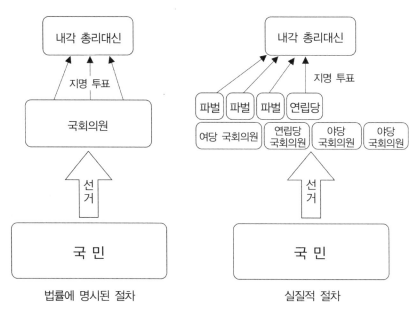

법률에 명시된 절차        실질적 절차

자민비공산 연립내각에 정권을 내주었다. 그 이후 보혁체제하에서 이념적 대결을 하였던 자유민주당과 일본사회당이 연립하여 일본사회당 위원장을 내각총리대신으로 하는 내각을 수립하였고 1996년부터 2009년까지는 자유민주당 중심의 연립내각이 수립되었다. 2009년 제45회 중의원의원총선거에서 민주당이 승리하면서 민주당 중심의 연립내각이 2012년까지 이어졌다. 이후에는 다시 자유민주당이 중심이 된 연립내각이 지속되었다.

## 1. 전전(戰前)

1885년 12월 이토 히로부미를 내각총리대신으로 하는 내각이 제1차 이토 내각이 출범하였다. 대일본제국헌법이 제정되기 이전 천황의 대권을 집행하기 위한 내각으로 입헌정체를 준비하였다. 조슈·사쓰마·히젠·도사 번(藩) 막부에 종사했던 관리(幕臣), 육군·해군 출신 등 번벌 세력을 중심으로 한 내각을 구성하여 대일본제국헌법의 초안을 작성하는 것 이외에 각종 제도를 정비하여 교육제도로 제국대학령, 소학교령을 제정하였고 문관시험시보 및 견습규칙을 제정하여 관료제도를 정비하였다. 또한 세력을 강화하고 있는 자유민권운동을 단속하기 위해 보안조례를 제정하였다.

제1차 이토 내각에 이어 1888년 4월에는 사쓰마 세력의 중심인물이었던 구로다 기요타카가 내각총리대신이 되었다. 구로다는 헌법의 제정과 함께 개설되는 의회에서의 자유민권운동의 세력 확장에 대비하여 대동단결운동을 구호로 활발하게 활동하고 있는 자유민권운동에 대한 견제를 강화하고자 하였다. 한편 구로다는 대일본제국헌법과 중의원의원선거법이 공포된 다음날 '정부는 항상 일정한 방향을 견지해야 하며 정당과 관계없이 초연'한 입장을 취해야 한다는 초연주의를 주장하는 연설을 하였다. 따라서 초연주의를 주장하는 번벌이 중심이 된 내각은 정당과는 관계없는 내각을 조직하였다.

1889년 12월에 수립된 제1차 야마가타 아리토모는 번벌 세력을 중심으로 구성하였지만 대일본제국헌법과 동시에 개설된 제국의회에 입헌자유당(立憲自由黨, 릿켄지유토)과 입헌개진당(立憲改進黨, 릿켄카이신토) 등 야당 세력이 다수당이 되어 법안과 예산안 통과에 어려움을 겪었다. 제1차 야마가타 내각은 결국 제국의회 내의 일부 정당 세력과 타협하여 예산안을 가결시켰다. 국가를 운영하기 위해 제국의회에서 정당의 협조가 반드시 필요하다고 하면서 정당 세력과 연합한 내각은 제2차 이토 내각이다. 제2차 이토 내각은 번벌 세력이 중심이 되었지만 자유당의 이타가키 다이스케를 내무대신으로 입각하여 제국의회와의 관계를 원활하게 하고자 하였다.

1898년 6월 수립한 제1차 오쿠마 시게노부 내각은 정당이 중심이 된 최초의 정당내각이다. 제국의회에서 여당이 된 헌정당의 오쿠마 시게노부가 내각총리대신을 맡고 또 헌정당의 주요 인물인 이타가키 다이스케가 내무대신으로 입각하였다.

1900년 9월 이토 히로부미는 입헌정우회를 창당하고 1900년 입헌정우회를 중심으로 한 제4차 이토 내각을 출범하였다. 제4차 이토 내각은 외무대신과 육군대신, 해군대신을 제외하고는 관료출신과 정당인 출신의 입헌정우회 당원으로 구성하였다. 이에 대해 야마가타 아리토모를 비롯한 초연주의를 주장하는 귀족원은 내각과 입헌정우회를 견제하여 내각이 제출한 예산안을 귀족원에서 부결시키자, 내각은 원로와 상의하여 천황의 조서를 통하여 귀족원이 예산안을 가결하게 하기도 하였다. 이후 초연주의를 주장하는 야마가타 아리토모의 복심인 가쓰라 다로가 내각을 조직하였지만 국정 운영을 위해 정당의 협조가 반드시 필요하였기 때문에 입헌정우회 총재인 사이온지 긴모치와 협조하면서 번갈아 가면서 내각총리대신에 취임하였다.

1918년 9월 출범한 하라 다카시 내각은 입헌정우회 총재인 하라 다카시가 조각 명령을 받아 외무대신, 육군대신, 해군대신을 제외하고 입헌정우회 당원으로 조직한 본격적인 정당내각이다. 입헌정우회

의 정당내각은 1921년 하라 다카시 내각총리대신의 암살로 하라 내각
이 사직을 하자 후임 총재 다카하시 고레키요(高橋是淸)가 계승하였다.

1924년 내각총리대신으로 취임한 기요우라 게이고(淸浦奎吾)는 초
연주의 내각을 구성하였다. 기요우라는 원로회의에서 제시한 정당과
거리를 두는 것을 조건으로 내각총리대신을 맡아 귀족원의 각 파벌을
중심으로 대신을 배분하였다.

전전 최후의 정당내각은 1931년 12월 입헌정우회 총재 이누카이
쓰요시가 내각총리대신으로 출범한 내각이다. 이누카이 내각은 정당
내각을 이끌면서 군비 축소를 둘러싸고 군부와 갈등하던 중 결국 청
년 장교들에 의해 암살당하였고 전쟁에서 패하기 전까지 일본에서는
더 이상 정당을 중심으로 한 내각은 수립되지 않았다.

이누카이 쓰요시 내각총리대신의 암살 후, 이누카이 내각 육군대신
이 정당 내각을 강력하게 거부하자 원로 사이온지 긴모치는 추밀원고
문으로 퇴역 해군 대장인 사이토 마코토를 내각총리대신으로 추천하
였고 사이토는 입헌정우회와 입헌민정당(立憲民政黨, 릿켄민세이토)으
로부터 대신을 영입하여 연합내각을 구성하였다.

1936년 수립된 히로타 고키 내각부터는 거국일치내각이 시작되었
다. 히로타 내각은 국가경제를 통제하고 군비를 확장하는 준전시체제
를 구축하는 것을 목표로 하였고 1900년에 생겨서 1913년 폐지되었
던 '군부대신 현역 무관제'를 부활시켜 '육군성관제 및 해군성관제'를
개정하여 '대신 및 차관에 임명하는 자는 현역 장성으로 한다.'고 하였
다. 따라서 내각을 수립 유지하기 위해서는 군부의 동의와 지지가 반
드시 필요하였고 군부는 내각에 강력한 영향력을 행사할 수 있게 되
었다. 1937년 출범한 제1차 고노에 후미마로 내각 이후에는 거국일치

내각을 계승하였고 1940년 수립한 제2차 고노에 내각은 대정익찬회를 조직하여 지지기반으로 '국방국가 완성'을 목표로 독일 이탈리아와 3국 군사동맹을 체결하였다. 1941년 현역 육군대장 도조 히데키(東條英機)는 내각총리대신으로 취임하면서 육군대신과 내무대신 등 주요 대신을 겸임하고 참모총장까지도 겸임을 하는 군사정권을 구축하였다.

**전전 내각**

|  | 내각총리대신 | 재임기간 | 비고 | 내각총리대신 배경 |
|---|---|---|---|---|
| 초대 | 이토 히로부미<br>伊藤博文 | 1885년 12월 22일~<br>1888년 4월 30일 | 제1차<br>이토 내각 | 화족 |
| 제2대 | 구로다 기요타카<br>黑田淸隆 | 1888년 4월 30일~<br>1889년 10월 25일 |  | 화족, 육군 |
| 제3대 | 야마가타 아리토모<br>山縣有朋 | 1889년 12월 24일~<br>1891년 5월 6일 | 제1차<br>야마가타 내각 | 화족, 육군 |
| 제4대 | 마쓰카타 마사요시<br>松方正義 | 1891년 5월 6일~<br>1892년 8월 8일 | 제1차<br>마쓰가타 내각 | 화족, 귀족원의원 |
| 제5대 | 이토 히로부미<br>伊藤博文 | 1892년 8월 8일~<br>1896년 8월 31일 | 제2차<br>이토 내각 | 화족 |
| 제6대 | 마쓰카타 마사요시<br>松方正義 | 1896년 9월 18일~<br>1898년 1월 12일 | 제2차<br>마쓰가타 내각 | 화족, 귀족원의원 |
| 제7대 | 이토 히로부미<br>伊藤博文 | 1898년 1월 12일~<br>1898년 6월 30일 | 제3차<br>이토 내각 | 화족, 귀족원의원 |
| 제8대 | 오쿠마 시게노부<br>大隈重信 | 1898년 6월 30일~<br>1898년 11월 8일 | 제1차<br>오쿠마 내각 | 화족, 헌정당 |
| 제9대 | 야마가타 아리토모<br>山縣有朋 | 1898년 11월 8일~<br>1900년 10월 19일 | 제2차<br>야마가타 내각 | 화족, 육군,<br>귀족원의원 |
| 제10대 | 이토 히로부미<br>伊藤博文 | 1900년 10월 19일~<br>1901년 5월 10일 | 제4차<br>이토 내각 | 화족, 귀족원의원,<br>입헌정우회 |
| 제11대 | 가쓰라 다로<br>桂太郎 | 1901년 6월 2일~<br>1906년 1월 7일 | 제1차<br>가쓰라 내각 | 화족, 육군 |

| 제12대 | 사이온지 긴모치<br>西園寺公望 | 1906년 1월 7일~<br>1908년 7월 14일 | 제1차<br>사이온지 내각 | 화족, 귀족원의원,<br>입헌정우회 |
|---|---|---|---|---|
| 제13대 | 가쓰라 다로<br>桂太郎 | 1908년 7월 14일~<br>1911년 8월 30일 | 제2차<br>가쓰라 내각 | 화족, 육군,<br>귀족원의원 |
| 제14대 | 사이온지 긴모치<br>西園寺公望 | 1911년 8월 30일~<br>1912년 12월 21일 | 제2차<br>사이온지 내각 | 화족, 귀족원의원,<br>입헌정우회 |
| 제15대 | 가쓰라 다로<br>桂太郎 | 1912년 12월 21일~<br>1913년 2월 20일 | 제3차<br>가쓰라 내각 | 화족, 육군,<br>귀족원의원 |
| 제16대 | 야마모토 곤노효에<br>山本權兵衛 | 1913년 2월 20일~<br>1914년 4월 16일 | 제1차<br>야마모토 내각 | 화족, 해군 |
| 제17대 | 오쿠마 시게노부<br>大隈重信 | 1914년 4월 16일~<br>1916년 10월 9일 | 제2차<br>오쿠마 내각 | 화족 |
| 제18대 | 데라우치 마사타케<br>寺内正毅 | 1916년 10월 9일~<br>1918년 9월 29일 | | 화족, 육군 |
| 제19대 | 하라 다카시<br>原敬 | 1918년 9월 29일~<br>1921년 11월 4일 | | 입헌정우회 |
| 제20대 | 다카하시 고레키요<br>高橋是清 | 1921년 11월 13일~<br>1922년 6월 2일 | | 화족, 귀족원의원,<br>입헌정우회 |
| 제21대 | 가토 도모사부로<br>加藤友三郎 | 1922년 6월 12일~<br>1923년 8월 24일 | | 화족, 해군 |
| 제22대 | 야마모토 곤노효에<br>山本權兵衛 | 1923년 9월 2일~<br>1924년 1월 7일 | 제2차<br>야마모토 내각 | 화족, 해군 |
| 제23대 | 기요우라 게이고<br>清浦奎吾 | 1924년 1월 7일~<br>1924년 6월 11일 | | 화족 |
| 제24대 | 가토 다카아키<br>加藤高明 | 1924년 6월 11일~<br>1926년 1월 28일 | | 화족, 귀족원의원,<br>헌정회 |
| 제25대 | 와카쓰키 레이지로<br>若槻禮次郎 | 1926년 1월 30일~<br>1927년 4월 20일 | 제1차<br>와카쓰키 내각 | 귀족원의원,<br>헌정회 |
| 제26대 | 다나카 기이치<br>田中義一 | 1927년 4월 20일~<br>1929년 7월 2일 | | 화족, 육군,<br>귀족원의원<br>입헌정우회 |
| 제27대 | 하마구치 오사치<br>濱口雄幸 | 1929년 7월 2일~<br>1931년 4월 14일 | | 중의원의원.<br>입헌민정당 |
| 제28대 | 와카쓰키 레이지로<br>若槻禮次郎 | 1931년 4월 14일~<br>1931년 12월 13일 | 제2차<br>와카쓰키 내각 | 화족, 귀속원의원,<br>입헌민정당 |

| | | | | |
|---|---|---|---|---|
| 제29대 | 이누카이 쓰요시<br>犬養毅 | 1931년 12월 13일~<br>1932년 5월 16일 | | 중의원의원,<br>입헌정우회 |
| 제30대 | 사이토 마코토<br>齋藤實 | 1932년 5월 26일~<br>1934년 7월 8일 | | 화족, 해군 |
| 제31대 | 오카다 게이스케<br>岡田啓介 | 1934년 7월 8일~<br>1936년 3월 9일 | | 해군 |
| 제32대 | 히로타 고키<br>廣田弘毅 | 1936년 3월 9일~<br>1937년 2월 2일 | | 귀족원의원 |
| 제33대 | 하야시 센주로<br>林銑十郎 | 1937년 2월 2일~<br>1937년 6월 4일 | | 육군 |
| 제34대 | 고노에 후미마로<br>近衛文麿 | 1937년 6월 4일~<br>1939년 1월 5일 | 제1차<br>고노에 내각 | 화족, 귀족원의원 |
| 제35대 | 히라누마 기이치로<br>平沼騏一郎 | 1939년 1월 5일~<br>1939년 8월 30일 | | 화족 |
| 제36대 | 아베 노부유키<br>阿部信行 | 1939년 8월 30일~<br>1940년 1월 16일 | | 육군 |
| 제37대 | 요나이 미쓰마사<br>米內光政 | 1940년 1월 16일~<br>1940년 7월 22일 | | 해군 |
| 제38대 | 고노에 후미마로<br>近衛文麿 | 1940년 7월 22일~<br>1941년 7월 18일 | 제2차<br>고노에 내각 | 화족, 귀족원의원 |
| 제39대 | 고노에 후미마로<br>近衛文麿 | 1941년 7월 18일~<br>1941년 10월 18일 | 제3차<br>고노에 내각 | 화족, 귀족원의원 |
| 제40대 | 도조 히데키<br>東條英機 | 1941년 10월 18일~<br>1944년 7월 22일 | | 육군 |
| 제41대 | 고이소 구니아키<br>小磯國昭 | 1944년 7월 22일~<br>1945년 4월 7일 | | 육군 |
| 제42대 | 스즈키 간타로<br>鈴木貫太郎 | 1945년 4월 7일~<br>1945년 8월 17일 | | 화족, 해군 |

수상관저(首相官邸) 홈페이지(https://www.kantei.go.jp/)
국사대사전(國史大辭典, 吉川弘文館) 참고 작성

## 2. 전후(戰後)

1945년 8월 15일 일본이 항복을 선언한 후, 8월 17일 황족이며 동시에 육군대장인 히가시쿠니노미야 나루히코오(東久邇宮稔彦王)를 내각총리대신으로 하는 내각이 출범하였다. 귀족원, 중의원 현역군인 등이 국무대신으로 임명된 거국일치내각이다. 히가시쿠니노미야 나루히코오는 육군대장이었던 지위를 활용하여 패전을 앞두고 육군 간부들을 중심으로 한 반발을 잠재우고 황족의 신분으로 국민을 통합하기 위해서 필요했던 인물이었다고 여겨진다. 전전 내각의 '국체수호' 방침을 유지하면서 '일본 전 국민의 참회가 국가를 재건하는 첫걸음'이라고 하면서 참회론을 앞세워 패전 후의 일본을 수습하려 했던 것으로 평가된다. 또한 패전을 하면서 군대의 무장해제, 항복문서의 조인 등 중요한 업무를 처리해야만 하였고 GHQ의 '정치적 공민적 및 종교적 자유에 대한 제한 철폐에 관한 각서' 지령으로 '치안유지법', '종교단체법' 등을 폐지하고 정치범 사상범을 석방하는 등 군국주의 요소를 제거하는 업무를 담당하였다.

히가시쿠니노미야 내각에 이어 시데하라 기주로를 내각총리대신으로 내각이 수립되었다. 거국일치 내각으로 귀족원 의원이 국무대신의 대부분을 차지하고 있지만 보수 계열인 일본진보당, 일본자유당 소속의 중의원의원도 국무대신으로 참여하고 있다. GHQ가 일본의 개혁을 추진하던 시기의 내각으로 GHQ의 전쟁관련자 공직추방, 천황보필부서인 내대신부 폐지, 육군성·해군성 폐지, 여성참정권 인정에 따른 중의원의원 총선거, GHQ 헌법초안 채택 등의 주요 정책을 수행하였다.

1947년 5월에 발족한 가타야마 데쓰 내각은 제23회 중의원의원총선거의 결과 제1당이 된 일본사회당을 중심으로 민주당, 국민협동당(國民協同黨, 고쿠민교도토)의 연립내각이다. 일본국헌법하에 최초로 국회가 가타야마 데쓰 일본사회당 위원장을 내각총리대신으로 지명하여 내각을 조직하였다. 가타야마 내각은 국가공무원법을 제정하여 공무원을 국민의 공복으로 규정하였으며 내무성을 폐지하고 노동성을 설치하여 실업보험을 창설하였다. 또한 민법을 개정하여 봉건적 가족제도를 폐지하였다.

보수세력이 합동하여 자유민주당을 결성한 이후의 최초의 내각은 제3차 하토야마 이치로 내각이다. 1955년 11월에 출범한 제3차 하토야마 내각은 중의원의원으로 자유민주당의 수석(筆頭) 총재대행이었던 하토야마 이치로가 내각총리대신으로 지명받아 조직한 내각이다. 이 시기 일본은 소련(소비에트사회주의공화국연방)과 국교를 수립하고 국제연합에 가맹하였다.

자유민주당이 정권을 독점하면서 주목할 만한 내각은 제1차 다나카 가쿠에이 내각이다. 대학을 졸업하지 않은 경력의 불리한 조건에도 불구하고 '숫자는 힘이다.'라는 신념으로 140명의 방대한 파벌을 조직하여 1972년 7월 자유민주당 총재 선거에서 당선되었다. 다나카 내각은 일본열도개조론을 주장하여 일본을 고속도로, 신간선 등의 교통망을 정비하고 지방의 공업화를 촉진하는 정책을 시행하여 그 결과 투기꾼에 의한 토지의 매점과 부동산 붐, 토지 가격 상승, 물가상승으로 인한 인플레이션을 야기했다. 대외적으로는 중화인민공화국(중국)과 국교정상회를 합의하였다. 그렇지만 다나카 가쿠에이의 개인적인 정치부패 문제도 수상을 사직하고 록히드사로부터의 뇌물 수수 사건으로 체포 수감되는 운명을 겪었다.

1982년 11월에 나카소네 야스히로(中曾根康弘)는 소수 파벌 소속이지만 다나카 가쿠에이의 지원으로 내각총리대신이 되어 내각을 조직하였다. 록히드사로부터의 뇌물 수수 사건의 피고인이지만 최대 파벌을 이끌고 있는 다나카 가쿠에이의 정치적 영향력은 막대하였다. 나카소네 야스히로 내각총리대신은 미국의 레이건, 영국의 대처 수상과 함께 세계적인 신자유주의 정책을 주도하면서 일본에서는 일본국유철도(국철), 일본전신전화공사(전전공사), 일본전매공사(전매공사)를 각각 JR, NTT, JT로 민영화하였다.

1993년에 발족한 호소카와 모리히로 내각은 일본신당을 비롯하여 일본사회당, 신생당, 공명당, 민사당, 신당사키가케, 사회민주연합, 민주개혁연합(民主改革連合, 민슈카이카쿠렌고)이 연립정권으로 참여하였다[비자민비공산 연립정권] 일본신당의 호소카와 모리히로 대표를 내각총리대신으로 하여 일본사회당을 제외한 각 정당의 대표가 내각에 참여하였다. 일본사회당은 총선거에서 패배를 책임지고 위원장이 사임을 한 관계로 국무대신으로 입각하지는 않았지만 국무대신 중에서 가장 많은 6명이 입각하였고 신생당 국회의원이 5명, 공명당 국회의원 4명 등이 내각에 참여하였다. 호소카와 내각은 국민들의 정치적 불신을 해소하고자 중의원선거와 관련된 법률과 정치자금과 관련된 법률을 개정하는 정치개혁 4법을 성립시켰다.

비자민비공산 연립내각이 붕괴되고 1994년 6월에는 일본사회당의 무라야마 도미이치 위원장을 내각총리대신으로 하고 자유민주당과 신당사키가케가 연립내각에 참여하는 무라야마 내각이 탄생하였다. 1947년 5월에 수립된 가타야마 데쓰 내각에 이어 두 번째로 일본사회당 대표가 내각총리대신이 되었다. 정권 정당으로 복귀하기를 희망하던 자유민주당이 일본사회당 위원장을 내각총리대신으로 제안하면서 자유민주당, 일본사회당, 신당사키가케와 연립에 합의하여 일본사회당 위원장을 내각총리대신으로 국회 제1당인 자유민주당의 총재 고노 요헤이가 부총리 겸 외무대신으로 입각하는 등 자유민주당 국회의원이 다수 내각에 참여하였다.

자유민주당을 중심으로 한 연립내각이 지속되던 시기 고이즈미 준이치로는 자유민주당 의원이면서 자유민주당을 개혁한다는 주장을 하면서 총재선거에서 당선되어 국회의 지명을 거쳐 2001년 4월 제1차 고이즈미 내각을 수립하였다. 고이즈미 준이치로는 사회적으로 장기간 지속되던 일본사회의 침체 분위기에서 '자민당을 부숴버린다.', '내 정책에 비판하는 자는 모두 저항세력이다.'라는 연설로 대중들에게 압도적인 인기로 지지를 받으면서 이른바 고이즈미 선풍을 일으켰고 2001년 7월에 있을 참의원선거에서 자유민주당의 간판으로 기대를 모아 총재 예비선거에서 대승을 거두고 이어서 본선에서 총재로 당선되었다.

2009년 9월에는 민주당이 제45회 중의원의원 총선거에서 압승을 거두면서 민주당 대표 하토야마 유키오 내각이 탄생하였다. 민주당을 중심으로 한 하토야마 내각은 사회민주당, 국민신당이 연립정당으로 참여하였다. 참의원에서의 과반수 확보가 어려운 민주당은 사회민주당과 국민신당과 연립하였고 사회민주당과 국민신당의 당수가 내각에 참여하였다. 지금까지의 정국운영이 정치인이 아닌 관료에 의해 주도되었다고 주장하면서 정치가 주도할 수 있는 체제를 신설하였고 예산안 심사도 투명하는 절차를 만들고 중앙정부와 지방정부의 관계

를 새롭게 형성하여 지역주권을 강조하는 등 자유민주당이 중심이 된
정권과의 차별화를 시도하였다.

2011년 3월 동일본대지진 등의 여파로 2012년 실시된 제46회 중
의원의원 총선거에서는 자유민주당이 대승을 거두고 자유민주당이
중심이 된 내각이 수립되었다. 2012년 12월 자유민주당은 공명당과
연립을 하여 자유민주당 총재 아베 신조가 내각총리대신으로 지명되
었다. 공명당과의 연립이기는 하지만 일본 정치는 실질적인 자유민주
당 정권으로 복귀하였다.

### 전후 내각

|  | 내각총리대신 | 재임기간 | 비고 | 내각 참여 정당 |
|---|---|---|---|---|
| 제43대 | 히가시쿠니노미야 나루히코오 東久邇宮稔彦王 | 1945년 8월 17일~ 1945년 10월 9일 |  | 거국일치내각 |
| 제44대 | 시데하라 기주로 幣原喜重郎 | 1945년 10월 9일~ 1946년 5월 22일 |  | 거국일치내각 |
| 제45대 | 요시다 시게루 吉田茂 | 1946년 5월 22일~ 1947년 5월 24일 | 제1차 요시다 내각 | 일본자유당 (일본진보당) → 민주당 |
| 제46대 | 가타야마 데쓰 片山哲 | 1947년 5월 24일~ 1948년 3월 10일 |  | 일본사회당, 민주당, 국민협동당 등 |
| 제47대 | 아시다 히토시 芦田均 | 1948년 3월 10일~ 1948년 10월 15일 |  | 민주당, 일본사회당, 국민협동당 |
| 제48대 | 요시다 시게루 吉田茂 | 1948년 10월 15일~ 1949년 2월 16일 | 제2차 요시다 내각 | 민주자유당 |
| 제49대 | 요시다 시게루 吉田茂 | 1949년 2월 16일~ 1952년 10월 30일 | 제3차 요시다 내각 | (민주자유당, 민주당연립파) → 자유당 |
| 제50대 | 요시다 시게루 吉田茂 | 1952년 10월 30일~ 1953년 5월 21일 | 제4차 요시다 내각 | 자유당 |

| 제51대 | 요시다 시게루<br>吉田茂 | 1953년 5월 21일~<br>1954년 12월 10일 | 제5차<br>요시다 내각 | 자유당 |
|---|---|---|---|---|
| 제52대 | 하토야마 이치로<br>鳩山一郎 | 1954년 12월 10일~<br>1955년 3월 19일 | 제1차<br>하토야마 내각 | 일본민주당 |
| 제53대 | 하토야마 이치로<br>鳩山一郎 | 1955년 3월 19일~<br>1955년 11월 22일 | 제2차<br>하토야마 내각 | 일본민주당 |
| 제54대 | 하토야마 이치로<br>鳩山一郎 | 1955년 11월 22일~<br>1956년 12월 23일 | 제3차<br>하토야마 내각 | 자유민주당 |
| 제55대 | 이시바시 단잔<br>石橋湛山 | 1956년 12월 23일~<br>1957년 2월 25일 | | 자유민주당 |
| 제56대 | 기시 노부스케<br>岸信介 | 1957년 2월 25일~<br>1958년 6월 12일 | 제1차<br>기시 내각 | 자유민주당 |
| 제57대 | 기시 노부스케<br>岸信介 | 1958년 6월 12일~<br>1960년 7월 19일 | 제2차<br>기시 내각 | 자유민주당 |
| 제58대 | 이케다 하야토<br>池田勇人 | 1960년 7월 19일~<br>1960년 12월 8일 | 제1차<br>이케다 내각 | 자유민주당 |
| 제59대 | 이케다 하야토<br>池田勇人 | 1960년 12월 8일~<br>1963년 12월 9일 | 제2차<br>이케다 내각 | 자유민주당 |
| 제60대 | 이케다 하야토<br>池田勇人 | 1963년 12월 9일~<br>1964년 11월 9일 | 제3차<br>이케다 내각 | 자유민주당 |
| 제61대 | 사토 에이사쿠<br>佐藤榮作 | 1964년 11월 9일~<br>1967년 2월 17일 | 제1차<br>사토 내각 | 자유민주당 |
| 제62대 | 사토 에이사쿠<br>佐藤榮作 | 1967년 2월 17일~<br>1970년 1월 14일 | 제2차<br>사토 내각 | 자유민주당 |
| 제63대 | 사토 에이사쿠<br>佐藤榮作 | 1970년 1월 14일~<br>1972년 7월 7일 | 제3차<br>사토 내각 | 자유민주당 |
| 제64대 | 다나카 가쿠에이<br>田中角榮 | 1972년 7월 7일~<br>1972년 12월 22일 | 제1차<br>다나카 내각 | 자유민주당 |
| 제65대 | 다나카 가쿠에이<br>田中角榮 | 1972년 12월 22일~<br>1974년 12월 9일 | 제2차<br>다나카 내각 | 자유민주당 |
| 제66대 | 미키 다케오<br>三木武夫 | 1974년 12월 9일~<br>1976년 12월 24일 | | 자유민주당 |
| 제67대 | 후쿠다 다케오<br>福田赳夫 | 1976년 12월 24일~<br>1978년 12월 7일 | | 자유민주당 |

| 제68대 | 오히라 마사요시<br>大平正芳 | 1978년 12월 7일~<br>1979년 11월 9일 | 제1차<br>오히라 내각 | 자유민주당 |
|---|---|---|---|---|
| 제69대 | 오히라 마사요시<br>大平正芳 | 1979년 11월 9일~<br>1980년 6월 12일 | 제2차<br>오히라 내각 | 자유민주당 |
| 제70대 | 스즈키 젠코<br>鈴木善幸 | 1980년 7월 17일~<br>1982년 11월 27일 | | 자유민주당 |
| 제71대 | 나카소네 야스히로<br>中曽根康弘 | 1982년 11월 27일~<br>1983년 12월 27일 | 제1차<br>나카소네 내각 | 자유민주당 |
| 제72대 | 나카소네 야스히로<br>中曽根康弘 | 1983년 12월 27일~<br>1986년 7월 22일 | 제2차<br>나카소네 내각 | 자유민주당 |
| 제73대 | 나카소네 야스히로<br>中曽根康弘 | 1986년 7월 22일~<br>1987년 11월 6일 | 제3차<br>나카소네 내각 | 자유민주당 |
| 제74대 | 다케시타 노보루<br>竹下登 | 1987년 11월 6일~<br>1989년 6월 3일 | | 자유민주당 |
| 제75대 | 우노 소스케<br>宇野宗佑 | 1989년 6월 3일~<br>1989년 8월 10일 | | 자유민주당 |
| 제76대 | 가이후 도시키<br>海部俊樹 | 1989년 8월 10일~<br>1990년 2월 28일 | 제1차<br>가이후 내각 | 자유민주당 |
| 제77대 | 가이후 도시키<br>海部俊樹 | 1990년 2월 28일~<br>1991년 11월 5일 | 제2차<br>가이후 내각 | 자유민주당 |
| 제78대 | 미야자와 기이치<br>宮澤喜一 | 1991년 11월 5일~<br>1993년 8월 9일 | | 자유민주당 |
| 제79대 | 호소카와 모리히로<br>細川護熙 | 1993년 8월 9일~<br>1994년 4월 28일 | | 일본신당,<br>일본사회당, 신생당,<br>공명당, 민사당,<br>신당사키가케<br>사회민주연합,<br>민주개혁연합 |
| 제80대 | 하타 쓰토무<br>羽田孜 | 1994년 4월 28일~<br>1994년 6월 30일 | | 신생당, 공명당,<br>일본신당<br>민주당, 자유당,<br>개혁의 회<br>민주개혁연합, |

| 제81대 | 무라야마 도미이치<br>村山富市 | 1994년 6월 30일~<br>1996년 1월 11일 | | 자유민주당,<br>일본사회당<br>신당사키가케 |
|---|---|---|---|---|
| 제82대 | 하시모토 류타로<br>橋本龍太郎 | 1996년 1월 11일~<br>1996년 11월 7일 | 제1차<br>하시모토 내각 | 자유민주당,<br>일본사회당<br>신당사키가케 |
| 제83대 | 하시모토 류타로<br>橋本龍太郎 | 1996년 11월 7일~<br>1998년 7월 30일 | 제2차<br>하시모토 내각 | 자유민주당 |
| 제84대 | 오부치 게이조<br>小渕惠三 | 1998년 7월 30일~<br>2000년 4월 5일 | | 자유민주당 |
| 제85대 | 모리 요시로<br>森喜朗 | 2000년 4월 5일~<br>2000년 7월 4일 | 제1차<br>모리 내각 | 자유민주당, 공명당,<br>보수당 |
| 제86대 | 모리 요시로<br>森喜朗 | 2000년 7월 4일~<br>2001년 4월 26일 | 제2차<br>모리 내각 | 자유민주당, 공명당,<br>보수당 |
| 제87대 | 고이즈미 준이치로<br>小泉純一郎 | 2001년 4월 26일~<br>2003년 11월 19일 | 제1차<br>고이즈미 내각 | 자유민주당, 공명당,<br>보수당 |
| 제88대 | 고이즈미 준이치로<br>小泉純一郎 | 2003년 11월 29일~<br>2005년 9월 21일 | 제2차<br>고이즈미 내각 | 자유민주당, 공명당 |
| 제89대 | 고이즈미 준이치로<br>小泉純一郎 | 2005년 9월 21일~<br>2006년 9월 26일 | 제3차<br>고이즈미 내각 | 자유민주당, 공명당 |
| 제90대 | 아베 신조<br>安倍晋三 | 2006년 9월 26일~<br>2007년 9월 26일 | 제1차<br>아베 내각 | 자유민주당, 공명당 |
| 제91대 | 후쿠다 야스오<br>福田康夫 | 2007년 9월 26일~<br>2008년 9월 24일 | | 자유민주당, 공명당 |
| 제92대 | 아소 다로<br>麻生太郎 | 2008년 9월 24일~<br>2009년 9월 16일 | | 자유민주당, 공명당 |
| 제93대 | 하토야마 유키오<br>鳩山由紀夫 | 2009년 9월 16일~<br>2010년 6월 8일 | | 민주당, 사회민주당,<br>국민신당 |
| 세94대 | 간 나오토<br>菅直人 | 2010년 6월 8일~<br>2011년 9월 2일 | | 민주당, 국민신당 |
| 제95대 | 노다 요시히코<br>野田佳彦 | 2011년 9월 2일~<br>2012년 12월 26일 | | 민주당, 국민신당 |

| 제96대 | 아베 신조<br>安倍晋三 | 2012년 12월 26일~<br>2014년 12월 24일 | 제2차<br>아베 내각 | 자유민주당, 공명당 |
|---|---|---|---|---|
| 제97대 | 아베 신조<br>安倍晋三 | 2014년 12월 24일~<br>2017년 11월 1일 | 제3차<br>아베 내각 | 자유민주당, 공명당 |
| 제98대 | 아베 신조<br>安倍晋三 | 2017년 11월 1일~<br>2020년 9월 16일 | 제4차<br>아베 내각 | 자유민주당, 공명당 |
| 제99대 | 스가 요시히데<br>菅義偉 | 2020년 9월 16일~<br>2021년 10월 4일 | | 자유민주당, 공명당 |
| 제100대 | 기시다 후미오<br>岸田文雄 | 2021년 10월 4일~<br>2021년 11월 10일 | 제1차<br>기시다 내각 | 자유민주당, 공명당 |
| 제101대 | 기시다 후미오<br>岸田文雄 | 2021년 11월 10일~ | 제2차<br>기시다 내각 | 자유민주당, 공명당 |

수상관저(首相官邸) 홈페이지(https://www.kantei.go.jp/) 참고 작성

## 제3절. 지방자치

　　메이지 정부의 지방제도의 역사는 막부체제에서 천황 중심의 국가로 이행하는 과정과 밀접한 관계가 있다. 에도의 막부와 지방의 번(藩)으로 이루어진 막번(幕藩, 바쿠한) 체제를 재편하기 위해서는 일본 열도 전역을 천황을 중심으로 중앙정부가 통제할 수 있는 체제가 필요하였다. 메이지 정부는 지방제도를 정비하여 중앙정부를 정점으로 한 통치체제가 원활하게 작동할 수 있도록 하였다. 지방의 번주(藩主, 다이묘)가 주민들을 다스리고 권력을 행사할 수 있는 단위인 번을 시작으로 시정촌(市町村)을 정비하였다. 서구형 지방제도는 대일본제국헌법 제정과 더불어 체계화하였다. 그리고 그 이후 중앙정부의 필요에 따라 혹은 시대적 흐름에 따라 수차례의 개정과정을 거쳤다.

　전후에 일본국헌법이 공포되고 지방자치법이 제정되면서 지방공
공단체의 자치를 보장하는 지방자치가 시행되었다. GHQ는 일본의
지방자치에 높은 관심을 갖고 전전의 지방제도를 개정하여 지방의 자
치와 민주적 운영을 골자로 하는 지방자치제도를 제정하였다. 그렇지
만 일본이 독립한 후 역코스를 거치면서 1956년에 개정된 지방자치제
도는 능률화·효율화를 지향하면서 지방 자치적인 요소는 후퇴하였
다. 일본 사회는 고도경제성장기를 거치면서 성장일변도의 사회적 분
위기 속에서 환경 파괴와 성장 위주의 정책 그리고 대도시 집중으로
인해 나타나는 병리 현상이 발생하였고 이에 대한 반성으로 지방자치
에 대해서도 중앙정부로부터 자율을 추구하는 움직임과 그 영향으로
인해 분권화에 대한 사회적인 열망으로 분권화가 시작되었다. 그 이
후 1955년 이후 정권을 독점하고 있던 자유민주당 정권이 약화되면서
지방자치제도는 분권화를 위한 제도적 장치를 마련하기 시작하였다.
특히 1993년에 자유민주당의 장기적인 정권 독점이 붕괴된 이후
2009년부터 2012년까지의 민주당 정권 그리고 자유민주당을 중심으
로 한 연립정권하에서도 이러한 움직임은 지속되어 지방자치를 위한
분권화는 지속적으로 추진되었다.


## 1. 전전(戰前)의 지방제도[1]

메이지 정부의 지방제도 정비는 지방으로 분산되어 다원화되어 있

---

[1]　이 내용은 『현대일본정치시스템의 이해』, 「지방자치제도의 변천 및 지방분권화」
　　(형설출판사, 2002년)를 정리 보완하였다.

던 권력을 중앙으로 집중시키고자 진행되었다. 그 첫 번째 조치는 도쿠가와 막부시기의 번을 대상으로 한 지방제도의 정비였다. 1868년에 공포된 정체서(政體書, 세이타이쇼)에는 지방을 부번현(府藩縣)으로 나누어 막부의 영지였던 9부를 부(府)로, 막부의 직할지, 황실령, 사원령 등을 현(縣)으로 하여 부현을 정부의 직할지로 하였고 번은 그대로 두는 제도를 채택하고 있다. 이어서 1868년 12월 '번치직제(藩治職制)'를 공포하여 번주의 집안 일(家政, 가정)과 번정(藩政)을 분리하였다. 메이지 정부가 시행한 지방행정구역의 재편으로 번의 권력을 중앙으로 집중시키고자 한 첫 번째 조치가 1869년에 실시된 판적봉환(版籍奉還, 한세키호칸)이다. '판적봉환'은 번주가 보유하고 있던 '토지(版)'와 '백성(籍)'을 중앙정부에 반납하는 것으로 중앙권력이 지방에 침투하는 데 중요한 기초를 마련하였고 이로 인해 번 내부의 번주(다이묘)와 가신의 주종관계가 폐지되었다. 1870년에 발포된 번제(藩制), 그리고 정부의 직할지인 부현에는 부현시정순서(府縣施政順序)를 공포하여 업무의 통일성을 도모하였다. 1869년에는 '부현봉직규칙(府縣奉職規則)'을 제정하여 부현의 사정에 대해서는 담당 정부 부서에 보고하는 것을 규정하고 있다.

메이지 초기 지방행정구역의 재편을 위한 가장 획기적인 조치가 1871년에 단행된 폐번치현(廢藩置縣)으로 번을 없애고 현을 설치하였다. 동시에 전국에 존재했던 361개의 번은 현으로 대치되었고 전국은 3부(府) 302현(縣) 체제로 편성되었다. 1871년에는 대대적인 부현 통합이 진행되어 전국이 3부 72현으로, 1872년에는 3부 69현으로 되었고 1873년에는 현의 수가 60개로 감소하였으며 1875년에는 3부 59현으로 감소하였다. 1871년 10월에는 '부현관제(府縣官制)'를 제정하여 부현의 관직 및 그 지위를 규정하였다. 1871년 11월에는 '현치조례(縣治條例)', 1875년의 '부현직제(府縣職制) 및 사무장정(事務章程)'을 제정하였다.

부번현과 함께 정촌에 대한 대책도 메이지 정부의 중요한 과제였다. 초기에는 정촌제도에 대한 전국적인 조치를 취하기보다는 우선 정부 직할지였던 교토의 정촌제도를 제정하여 전국적인 모델로 삼고자 하였다. 1868년 7월 교토부의 '정조오인조사법(町組五人組仕法)'을 개정하여 정촌을 재편성하고, 이어서 1869년 3월에는 '군중제법(郡中制法)', '시중제법(市中制法)', '촌압옥가심득조목(村壓屋可心得條目)', '정역심득조목(町役心得條目)' 등을 제정하여 정촌제도의 기초를 마련하였다. 정촌의 지방행정을 재편한 계기가 된 것이 대구소구제(大區小區制)의 확립이었다. 대구소구제의 원형을 제공한 것은 1871년 주민의 파악을 위해 공포된 호적법(戶籍法)으로 전국을 호적구로 나누어 각 구에 호장(戶長) 및 부호장(副戶長)을 두었다. 이어서 10월에는 지방의 편의에 따라 한 구에 구장 한 사람을 두고 작은 구에는 부구장을 둔다는 취지로 전국을 대구(大區)와 소구(小區)로 나누고 대구에는 구장을, 소구에는 부구장을 두었다. 대구소구제의 완성이었다.

메이지 정부가 본격적인 지방제도의 정비를 위해 수립한 최초의 지방제도는 1878년에 공포된 '지방삼신법(地方三新法)'이다. 내무대신 오쿠보 도시미치는 지금까지의 지방제도에 관한 견해를 종합하여 지방삼신법의 기초가 되는 '지방(地方)의 체제(體制)', '지방관직제(地方官職制)', '지방회의법(地方會議法)', '지방공비부과법(地方公費賦課法)'을 제정하였다. 지방삼신법은 군구정촌(郡區町村)의 구획 등에 대해 규정한 '군구정촌편제법(郡區町村編制法)', 부현의 의회인 부현회(府縣會)

의 회칙을 규정한 '부현회규칙(府縣會規則)', 지방세에 대한 규정을 마련한 '지방세규칙(地方稅規則)'으로 그 대강의 내용은 다음과 같다. 부현회규칙은 총칙, 선거, 의칙(議則), 개폐의 4장 35조로 되어 있다. 의회는 공선의원으로 구성하고 그 기능으로는 지방세에서 지출해야하는 비용 및 징수방법을 토의 결정하고 회의의 안건은 전부 부지사나 현령에 의해 제출되고 의결된 안건도 부지사나 현령의 인가가 있어야만 시행할 수 있게 하고 있다. 부현회는 통상회와 임시회가 있으며 임시회는 특별히 회의가 필요한 사건이 있을 경우에 한해서 개최하고 상정된 안건에 대해서만 토의할 수 있게 되어 있다. 부현회의 권한으로는 결산보고를 받는 권한 이외에 건의와 자문 답신을 할 수 있는 권한과 의사규칙을 제정할 수 있는 권한 등을 갖고 있다. 의원이 될 수 있는 자격은 만 25세 이상의 남자로 그 부현 내에서 지조 10엔 이상을 납부해야 하고 임기는 4년이며 2년마다 반수를 개선하였다. 부현회는 매년 한 번 3월에 개최하며 개최를 할 수 있는 권한은 부지사와 현령이 갖고 있다. 또한 부지사와 현령은 회의를 중지시킬 수 있는 권한을 가지고 있으며 내무성의 수장인 내무대신은 폐회와 해산권을 갖고 있다. 즉 부현회규칙에 규정된 부현회의 권한은 매우 제한적이며 의원선거도 피선거권이 일부 계층으로 한정된 제한선거를 실시하였다. 부현회규칙은 1880년에 상치위원(常置委員)을 설치하는 제5장을 신설하는 것 이외에 수차례에 걸쳐 개정하였다. 상치위원은 부현회에서 결정한 사업의 집행방법 및 순서 등에 대해 부지사와 현령에 자문을 하는 기관으로 임기 2년의 위원은 의원 중에서 5인 이상 7인 이하를 호선(互選)하여 선출하였다. 1881년의 개정에서는 부현회에 대한 부지사와 현령의 권한이 강화되었고 1882년의 개정은 부현회의 권한이 한층 더 축소되었다.

　'군구정촌편제법'은 지방의 가장 말단 조직인 정촌에 대한 제도이다. 전국의 행정구역 및 지방단체 구역의 구성을 규정하는 총 6조로 이루어져 있다. 즉 전국을 구획하여 부현 밑에 군구정촌을 놓고 명칭을 종래의 것을 사용하였다. 군에는 군장 한 사람, 구에는 구장 한 사람을 두었고 규모가 작은 군은 여러 개 군에 군장 한 사람을 두었다. 또한 정촌에는 호장을 한 사람 두고 군의 경우와 마찬가지고 여러 개 정촌에 호장 한 사람을 둘 수도 있었다. 1880년에는 구정촌(區町村) 의회에 대한 법률인 '구정촌회법(區町村會法)'을 제정하였다. 10개 조항으로 이루어진 이 법률은 구정촌회의 의결사항 등에 대한 대강의 내용을 규정하였으며 부현회와 마찬가지로 의회에 대한 구장(區長), 호장(戶長)의 권한이 강해 의회의결의 시행권을 구장과 호장이 가지고 있으며 의회 의결에 대한 거부권 등을 인정하고 있다. 1884년에는 이 '구정촌회법'의 대대적인 개정이 행해졌다. 개정된 법률은 15개조로 구성되어 있으며 회의의 세부규칙을 정하는 권한을 부지사와 현령에게 부여하고 의안을 제출하고 의회를 소집하는 권한을 군장, 구장, 호장에게 주었으며 이들은 의장을 겸하는 것을 주요 내용으로 하고 있다.

　지방삼신법의 또 하나는 '지방세규칙(地方稅規則)'이다. 총 7개 조항으로 이루어진 이 법률은 지방세를 지조의 5분의 1 이내로 하며 종류로는 영업세와 잡종세가 있고 호별세(戶別稅)를 기준으로 하여 징수하는 등의 규정과 함께 지방세로 부담하는 비용으로 경찰비, 하천 빛 도로 제방 교량 건축수리비 등 12개 비용을 규정하였다. 또한 부지사와 현령은 지방세에 대한 예산을 수립하고 부현회의 의결을 거쳐 내무대신 및 대장대신(大藏卿, 오쿠라쿄)에게 보고하는 것을 의무화하였

다. 1880년의 개정에서는 예비비를 신설하고 부현회에서 예산안을 의
결하지 않거나 불가능할 경우에는 내무대신이 부지사나 현령의 상신
(上申)에 따라 전년도 예산 규모에 따라 징수할 수 있게 하였다. 또한
같은 해에는 국가 재정 긴축 방침에 따라 지방세 부담 항목이 추가되
는 등 수 차례에 걸쳐 개정을 하였다.

메이지 정부는 서구형 국가 건설을 위해 이에 걸맞은 지방제도의
확립을 생각하고 있었다. 1884년 5월 일본 고유의 제도 및 외국의 제
도를 참조한 정촌법초안(町村法草案)이 제안되었지만 내무대신 야마
가타 아리토모는 내무성 내에 지방제도편찬위원회(地方制度編纂委員
會)를 설치하고 1887년 2월에 지방자치제도의 방침인 지방제도편찬
요강(地方制度編纂要綱)을 확정한 후, 1887년 9월에는 내각에 시제(市
制) 정촌제(町村制)를 제출하였고 1888년 4월에 공포되었다. 부현제
(府縣制) 군제(郡制)는 시제 정촌제 공포된 후인 1890년에 각각 공포
되었다. 시제 정촌제와 부현제 군제는 1889년의 헌법 공포를 사이에
두고 각각 공포되었다.

메이지 지방제도는 시제 정촌제와 부현제 군제로 이루어져 기초단
체인 시·정촌과 광역단체인 부현·군의 자치 행정제도를 규정하고 있
다. 먼저 시제 정촌제는 시제에 관한 부분과 정촌제에 관한 부분으로
이루어져 있지만, 법률로서는 하나의 법률(1888년 4월 17일 법률 제1호)
로 공포되었다. 시제는 7장 133조로 구성되어 있고, 정촌제는 8장 139
조로 시제와 거의 같다.

부현제와 군제는 각각 부현 및 군의 기본법규로 공포되었던 것이지
만 시정촌에 관한 기본법규 거의 전부가 규정된 시제 정촌제와는 다
르게 부현 및 군의 경우는 집행기관에 관한 규정의 일부가 '지방관관

제(地方官官制: 1886년 칙령(勅令) 54호)'에 정해져 있다. 즉 부현 및 군의 수장(首長)은 국가의 관리(官吏)라는 것을 의미하는 것이다. 수장뿐만 아니라 그 주요 보조기관인 부현이나 군의 행정수뇌부 간부도 국가의 행정을 집행하기 위해 파견된 관리가 임명된다. 부현제는 6장 98조로, 군제는 6장 91조로 되어 있다.

1890년 공포된 부현제는 1892년에 일부를 개정한 이후 1899년에 부현제 군제를 전반적으로 개정하였다. 주요 개정된 내용은 부현회 군회 의원들의 선거방식으로 간접선거제가 폐지되었다는 것과 군제에 있어서 대지주의원제가 폐지되었다는 것이다. 부현제는 1914년에도 개정이 행해졌다. 이 개정은 1899년의 전문개정 이후 발견된 문제점을 보완하고 1911년에 이루어진 시제 정촌제의 전문개정의 취지에 보조를 맞추고 신속한 사무 처리를 위해 문제가 된 내용을 개정한 것이다. 군제의 경우 1899년의 전문개정에서는 간접선거제 및 대지주의원제의 폐지가 가장 중요한 내용이다. 1918년에는 군제의 개정은 군회에서 실시하는 선거 등에 관계되는 4개조를 개정하고 있다.

한편 시제 정촌제의 경우에는 1911년 4월 개정되었다. 부현제 군제가 제정된 후 10년이 지나지 않아 전문개정된 것에 비하면 시제와 정촌제는 20여 년 생명을 유지하였다. 개정된 시제 정촌제는 종래의 것과는 크게 다르지 않지만 시제와 정촌제가 하나의 법률로 되어 있던 종래의 법률이 2개의 법률로 나뉘어졌다는 점이 다르다. 1921년 3월에는 시제 및 정촌제 중에서 일부를 개정하여 공민자치의 충실을 기하였다. 시정촌의 공민이 되는 자격요건 중 직접국세납세 조건을 철폐하여 2년 이상 해당 시정촌의 직접 시정촌세를 납부하는 것으로 하였다. 그리고 동시에 시제 정촌제의 시행지역을 확대하여 오키나와

현에도 시제 정촌제를 실시하는 것으로 하였다.

메이지 시대 지방제도의 골격이었던 부현제 군제 시제 정촌제는 1921년 군제가 폐지되면서 변화하였다. 1921년 4월 「군제폐지에 관한 법률」로 군제는 폐지되었다. 러일전쟁 이후 국가 경영적인 측면에서 행정조직을 가능한 한 간단히 하여 경비를 절감할 필요가 있다는 견지에서 군을 폐지함으로써 종래에는 3단계를 이루고 있었던 지방자치단체를 2단계로 하였다.

1926년에는 시제 정촌제 부현제가 동시에 개정되었다. 이 개정은 형식상으로는 일부개정이지만 실질적으로는 전문개정과 견줄만한 중요성을 갖는 획기적인 개정이다. 1년 전에는 중의원의원 선거에 남성보통선거제가 채용되어 국민의 오랫동안의 숙원이 달성되었으며, 이번에 시제 정촌제 부현제의 개정으로 지방의회에도 남성보통선거제가 채용되었다. 그리고 동시에 여러 면에서 자치권이 대폭적으로 확대되었다. 1929년의 지방제도 개정은 종래에는 시정촌에 비해 자치체적 색채가 희박했던 부현에 시정촌과 같은 권한을 부여하여 부현과 시정촌간의 제도상의 차별이 한층 줄어들었다.

한편 국가통제정책이 강화되고 있던 2차 대전 중인 1943년의 개정은 지금까지 개정의 방향인 자치권 확대와는 역행되는 내용이었다. 먼저 시제 정촌제의 경우를 보면 시장과 정촌장의 선출하는 방법이 개정되었다. 시장의 경우 시회에서 후보를 추천하여 칙허(勅許)로 선임하였고 정촌장의 선임에도 부현지사의 인가가 필요하게 되었다. 국가 및 상급기관 사무의 위임 절차도 간단하게 되었다. 즉 국가 및 부현은 단순한 명령으로 그 사무를 시, 정촌에 위임할 수 있게 되었고 시, 정촌장은 종합적인 지시권을 부여받았다. 시, 정촌 의회의 의결권이

제한되어 간단한 사항에 대해서는 의회의 의결이 필요 없게 되었으며
회계에 대한 검사권한도 폐지되었다. 이와 함께 지방 주민들의 통제
및 감시에 필요한 조치로 정촌회(町內會, 조나이카이)와 부락회(部落會,
부락쿠카이)가 제도화되어 그 운영이 시장과 정촌장의 직무하에 놓이
게 되었다. 부현제의 경우에도 시제 정촌제와 같은 취지로 개정이 이
루어졌다. 특이할 사항은 1943년 도쿄도제(東京都制)가 공포되어 종래
의 도쿄부(東京府)와 도쿄시(東京市)를 합하여 도쿄도(東京都)를 만들
었고 도쿄시 아래 있던 구 이외에 시정촌을 관할하는 도쿄도 장관이
설치되었다. 그 대개의 내용은 부현제에 준하고 있다.

## 2. 전후(戰後)의 지방자치[2]

전후 GHQ는 일본의 지방제도에 대해서 많은 관심을 갖고 있었다.
그리고 전전의 지방제도를 개정하는 절차를 먼저 진행하였다. 1946년
에는 도쿄도제, 시제, 정촌제, 부현제를 심의·개정하였다. 같은 해 공
포된 헌법의 정신에 맞추어 전전의 제도와는 다른 민주적인 내용이
포함된 개정이었다. 그 주요 내용은 '주민의 선거권, 피선거권의 확
충', '단체장의 공선', '지방의회의 권한 강화', '단체장의 의회 해산권
부여', '선거관리위원회 감사위원 제도 창설', '직접청구제도 창설',
'시정촌에 대한 인허가 사항 대폭정리' 등이다. 이러한 개정은 전전의

---

2 이 내용은 『일본학』 제44편(2017년 5월) 「전후 일본 지방자치제도 변화와 그 의
  미」(동국대학교 일본학연구소)를 정리 보완한 것이다.

제도를 개정한 것에 불과하며 새로운 헌법에 기초한 지방에 자치를
부여하는 법 제정과는 다소 차이가 있지만 지방단체와 지방의 주민들
에게 참정권을 부여한다는 의미에서는 매우 파격적인 개정이라고 할
수 있다.

전후 일본 헌법에 기초한 지방자치법의 제정은 1947년에 이루어
졌다. 전전의 지방제도인 도쿄도제, 부현제, 시제, 정촌제를 하나의
법률로 정리하였다. 지방공공단체의 자주성 및 자율성의 강화와 지
방분권의 철저, 행정집행의 능률화와 공정성의 확보를 기본 방침으
로 제안된 지방자치법은 과거의 지사 및 도도부현 직원의 신분도 관
리에서 공무원으로 전환되었다. 그렇지만 연합국총사령부는 민주화
에 미흡한 조항에 대해 의견을 제시하였고 1947년 10월에 개정안이
제출되어 잔존하고 있던 중앙정부, 도도부현, 시정촌의 명령 및 감독
체계를 해소는 내용으로 그해 12월에 개정되었다. 그 이후 제정된 경
찰법, 지방재정법, 교육위원회법, 식량확보임시조치법, 공직선거법,
지방공무원법, 지방세법, 농업위원회법 등에 맞추어 지방자치법이
개정되었다.

1951년 미국의 대일정책이 '공산진영과의 대결을 위해 일본의 경
제부흥을 최우선으로 한다.'는 내용으로 전환되면서 연합국총사령관
은 '점령 하의 모든 법제도를 검토하는 권한을 일본 정부에 위임한다.'
는 성명을 내고 이를 바탕으로 당시의 요시다 시게루(吉田茂) 수상은
정령자문위원회(政令諮問委員會)를 설치하여 점령하에 성립된 각종 제
도와 법의 수정을 검토하였다. 지방자치법은 1952년에 주요한 개정이
이루어져 '도도부현, 시정촌의 집행기관의 조직의 간소화', '내각총리
대신, 도도부현지사에게 권고권 부여', '특별구 단체장의 공선제 폐지'

등을 결정하였다. 이러한 개정은 1956년의 개정으로 이어져 1947년에 제정되었던 지방자치법의 원칙이었던 민주화보다는 능률화·효율화의 방향으로 대폭적인 전환이 이루어진다. 즉 1956년의 개정에서는 '도도부현과 시정촌 간의 지위 기능의 명확화'로 도도부현과 시정촌 간의 대등한 관계가 상하관계로 전환되고 '의회의 정례회 상임위원회 수를 제한', '도도부현의 부국의 제한', '내각총리대신이 도도부현지사의 적정한 사무처리를 하게 하는 조치의 권한', '지정도시제도 창설' 등 중앙정부의 지방에 대한 통제를 강화하는 내용이 되었다.

또한 지방자치가 시행되었지만 실질적으로는 지방공공단체가 수행하는 업무 중 고유한 자치사무 이외에 중앙정부로부터 위임받은 위임사무를 처리하지 않으면 안 되었고 중앙정부는 지방공공단체에 행정지도, 중앙공무원의 파견인사를 통하여 지방공공단체를 통제하였다. 특히 지방공공단체가 자주적으로 사용할 수 있는 재원은 전체 예산의 30% 전후로 나머지 재원은 중앙정부의 지방교부세와 각종 보조금 제도를 통하여 충당하였다. 지방교부세는 일본의 지방이 경제적으로 균등하지 않은 관계로 원래 지방재원인 세금을 중앙정부가 일괄적으로 징수하여 지방공공단체에 배분함으로써 지방공공단체의 재정을 균등하게 하고자 하는 것을 목적으로 하고 있다. 보조금 제도를 비롯한 각종 재정 지원제도는 특별한 사업이 필요할 경우 지방공공단체가 중앙정부에 신청하여 지급을 받는 자금으로 신청과 심사 등이 필요하다. 중앙정부는 이 제도를 이용하여 지방공공단체를 실질적으로 통세하고 있기 때문에 실질적으로 지방공공단체가 자주적으로 사용할 수 있는 재정적 권한은 30%에 불과하여 3할자치라고도 불린다.

그 이후 일본사회는 고도 경제성장을 거듭하면서 개발에 역점을 둔 사업을 펼치게 되고 이에 따라 1963년에는 지방재무회계제도의 정비와 지방개발 사업단을 창설하는 개정도 이루어진다. 일본 사회의 고도경제성장의 부작용도 나타나기 시작하였다. 지나친 개발과 산업화에 역점을 둔 정책으로 산업의 중심지로 사람들이 집중하기 시작하여 도시 문제가 발생하고 지방의 경우에는 환경보다는 개발과 공업화를 우대하는 정책으로 지방 주민들의 삶을 위협하는 각종 공해병을 낳기 시작하였다. 그 결과 대도시뿐만 아니라 지방도시에서도 기존의 개발과 산업화를 주장하는 정치세력보다는 환경과 복지를 통한 주민들의 생활을 중시해야 한다는 자치단체장이 속속 당선되기 시작하였다. 이른바 '혁신자치체'의 탄생이다. 1967년에는 도쿄 등 주요 도시의 단체장으로 혁신인사가 당선되고 이들은 지방자치체의 운영에 시민들이 참여하는 등 직접민주주의를 실현하고자 하였으며 각종 조례를 통하여 환경, 복지 우선 정책, 무분별한 개발에 대한 제재 등을 실현하였다. 그리고 이러한 지방자치단체의 정책은 국정운영에까지 영향을 미치게 되었으며 이를 통하여 주민들은 참여의 정신과 중앙정부에서 지방으로의 분권의 중요성에 대해 인식을 확산하기 시작하였다.

일본 사회에서 분권론이 공식적으로 등장하여 본격적으로 정부의 정책 구상에 포함되기 시작한 것 중의 하나가 1982년의 제2차 임시행정조사회(臨時行政調査會)이다. 임시행정조사회는 국가와 지방의 관계 및 지방행정 개혁방향과 보조금 인허가 등에 대해 조사를 하였고 중앙으로부터 지방으로의 권한의 이양, 보조금 등 제도를 개선하며 지역 활성화의 필요성을 자문하였다. 또한 임시행정개혁추진심의회(臨時行政改革推進審議會)를 설치하여 국가와 지방과의 관계의 조정을 건의하였다. 1993년에는 지방 6단체(전국지사회(全國知事會), 전국시장회

(全國市長會), 전국정촌장회(全國町村長會), 전국도도부현의회의장회(全國都
道府縣議會議長會), 전국시의회의장회(全國市議會議長會), 전국정촌의회의장
회(全國町村議會議長會))가 의견을 개진할 수 있는 권한을 부여하는 내
용으로 포함한 지방자치법을 개정하여 지방자치단체가 자신들의 의
견을 적극적으로 주장할 수 있는 통로를 만들어 놓았다. 이러한 지방
분권화에 대한 움직임의 배경에는 사회의 비판 대상이 되고 있던 정
치 부패의 원인 중 하나로서 중앙관료 중심의 국정운영과 재정의 중
앙정부 통제 등 권력의 중앙정부 장악으로 보고, 풍요로운 국민들의
생활을 실현하기 위해 다극분산형 국토형성과 지방의 산업거점 형성
이 필요하다는 인식의 확산이 있다. 이에 따라 1993년 일본 정부는
지방분권 추진에 대한 각의결정을 하고 임시행정개혁추진심의회는
규제완화와 더불어 지방분권에 대한 최종의견을 제출하였다. 또한 지
방분권특례제도(PILOT자치제도)를  시도하였다.  지방분권특례제도는
'국가적 이해나 국민의 권리에 영향을 미치지 않는 권한을 지방으로
이양', '지방이 자주적으로 행하는 것이 바람직한 사업의 보조금을 시
정촌의 일반재원으로 이관', '기채(起債)의 탄력적인 운영과 지방세의
중점 배분', '기관위임사무의 지방이관' 등으로 행재정 능력을 가진
지방자치단체를 통하여 매력적인 지역을 형성하는 기초자치단체를
만드는 것을 목적으로 하였다. 그렇지만 집권당과 중앙관료의 강력한
반대에 부딪쳐 처음에 의도했던 권한의 이양 범위가 대폭 축소되어
기대했던 만큼의 성과를 거두지 못하였다.

1994년에는 제24차 지방제도조사회에서 지방분권 추진에 대한 의
견과 시정촌의 자주적 합병 추진에 대한 의견을 제시하고. 지방 6단체
에서도 지방분권추진에 대한 의견서를 제출하였다. 일본 정부는 1994

년 12월에 '지방분권 추진에 관한 대강 방침'을 각의 결정하고 1995년
에는 지방분권추진법을 제정하였으며 '지방분권추진위원회'를 발족
하였다. '지방분권추진위원회'는 1996년 중간보고를 통하여 '기관위
임사무 폐지', '국가의 관여에 대한 새로운 규칙', '권한 이양', '국고보
조금 부담재원에 관한 중간 정리'를 건의하였고 1997년에는 '사무구
분, 국가와 지방의 관계정리, 도도부현과 시정촌 관계, 행정체제 정비,
보조금 세재원' 등을 비롯한 지방분권 추진을 위한 구체적인 절차 등
에 대한 내용을 권고하였다. 2000년에는 지방분권 추진의 추진 상황
에 대한 '감시활동의 결과에 따른 의견'을 비롯하여 '국고보조금 부담
의 정리 합리화와 당면 지방세원 충실 확보책', '법령에서의 조례 규칙
으로의 위임' 등에 대한 의견을 제시하였다. 또한 2001년 최종보고에
서는 '감시활동 결과 보고와 요청', '지방세재원 충실 확보책에 대한
제언', '분권개혁의 비약과 전망'에 대한 의견을 제시하였다. 지방분권
에 대한 본격적인 작업 중의 하나인 지방분권 추진법의 시행과 지방
분권추진위원회의 활동은 지방분권을 추진함에 있어서 중요한 사항
이 무엇이고 구체적인 방안이 무엇인가에 초점을 맞춘 의견과 감시활
동에 대한 보고서를 제출함으로써 매우 강력하게 지방분권을 추진하
고자 하였다고 할 수 있다. 일본 정부는 1998년에 지방분권추진계획
을 각의 결정하고 1999년에는 지방분권의 추진을 위한 관계 법령 정
비 등에 관한 법률안(지방분권일괄법안)을 각의 결정하고 2000년 4월
에는 지방분권일괄법을 시행하기에 이르렀다.

1999년 지빙분권일괄법과 더불어 개정된 지방자치법은 지금까지
의 지방자치의 개념을 전환하는 매우 커다란 의미를 가진다고 할 수
있다. 즉 '기관위임사무제도의 폐지와 자치사무 및 법정수탁사무의

창설'로 중앙정부 지방 자치단체에 과중한 사무를 전가함으로써 발생하는 지방자치단체의 부담을 경감하고자 하였다. 또한 '지방공공단체에 대한 국가 또는 도도부현의 관여 규칙을 규정'하여 '관여 원칙을 법정주의로 하고 관여를 최소한으로'로 정하였다. 이와 더불어 '국가와 도도부현의 관여에 대한 분쟁을 처리하는 제도를 창설'하여 원활한 중앙 지방관계를 도모하고자 하였다. 도도부현과 시정촌의 관계도 새롭게 설정하여 '도도부현에서 처리하는 사무를 재구성'하였다. 즉 중앙정부와 도도부현, 시정촌의 위상을 제도적으로 재정립하였다.

지방분권추진위원회에 이어서 2001년 발족된 지방분권개혁추진회의(地方分權改革推進會議)는 '국가와 지방공공단체의 역할분담에 따른 사무 및 사업 그리고 세 재원 분배, 지방공공단체의 행재정개혁 추진 등 행정체제 정비 기타 지방제도에 관한 중요 사항에 대한 지방분권을 한층 더 추진한다는 관점에서 조사심의'하기 위해 '사무 사업에 관한 의견(事務·事業の在り方に關する意見－自主·自立の地域社會をめざして)', '삼위일체 개혁에 관한 의견(三位一體の改革についての意見)', '지방공공단체의 행재정개혁 추진 등 행정체제 정비에 관한 의견(地方公共團體の行財政改革の推進等行政體制の整備についての意見－地方分權改革の一層の推進による自主·自立の地域社會をめざして)'을 제출하였다. 지방분권화를 보다 적극적이고 원활하게 추진하기 위한 보다 구체적인 방안을 제시하고 있다. 또한 분권화를 위한 행정 재정적 정비에 대한 의견을 제안하였다.

2005년에는 지방제도조사회가 지방의회의 권한에 대한 건의를 실시하여 '지방의 자주성 자율성 확대 및 지방의회의 모습에 관한 의견서'를 제출하였으며 2007년 발족된 지방분권개혁추진위원회(地方分權

改革推進委員會)는 '생활자의 시점에서의 지방정부 수립'(2008년), '자
치입법권의 확대에 따른 지방정부의 실현'(2009년), '자치재정권 강화
에 따른 지방정부의 실현'(2009년)을 제안하였다. 즉 지방의회의 권한
강화와 지방분권을 지방의 주민의 입장에서 보아야 한다는 의견을 제
시하였다. 이와 함께 지방자치법도 개정되어 2006년 지방자치법개정
에서는 '의회제도의 재검토(임시회의 소집청구권을 의장에 부여, 위원회의
의안 제출권의 창설 등)'가 포함되었으며 2011년 개정에는 '의원정수 법
정상한의 철폐', '의결사건의 범위확대'가 포함되었고 2012년 개정에
는 '조례에 의한 통년회기 선택제도 도입', '임시회 소집권을 의장에게
부여', '의회 운영에 관한 법정사항의 조례위임 등', '의회의 조사에
관한 출두 청구 요건의 명확화', '의회와 장의 관계 재검토'의 조항이
포함되었다.

　2009년 민주당 정권은 지방분권의 개념을 지역주권의 개념으로 전
환하고자 하였다. 2009년 지역주권전략회의(地域主權戰略會議)를 설치
하여 지역의 일은 지역주민이 책임을 지고 결정한다는 취지하에 중앙
정부와 지방공공단체는 대등한 입장에서 의견을 교환해야 한다는 관
계를 설정하고자 하였다. 기초자치체로의 권한을 이양하고 중앙정부
의 지방정부에 대한 의무사항 규제사항 등을 폐지하고 지방정부의 조
례제정권을 확대하고자 하였다. 또한 중앙정부가 지방정부에게 주는
사용 용도가 특정되어 있는 보조금을 지방정부가 자유롭게 사용하는
일괄 보조금으로 하는 등의 개혁을 실시하였다. 이와 관련하여 2011
년부터는 '국가와 지방의 협의의 장에 관한 법률(國と地方の協議の場に
關する法律)', '지역의 자주성 및 자립성을 고양하기 위한 개혁을 위해
관계 법률을 정비하는 법률(地域の自主性及び自立性を高めるための改革

の推進を圖るための關係法律の整備に關する法律)'을 제정하였다.

민주당 정권에 이어 자유민주당·공명당 연립 정권은 2014년 아베 신조 내각에서 지방분권개혁 추진본부를 발족하면서 '지역의 자주성 및 자립성을 고양하기 위한 개혁을 위해 관계 법률을 정비하는 법률 (地域の自主性及び自立性を高めるための改革の推進を圖るための關係法律の 整備に關する法律)'을 개정하여 2024년 3월 제14차에 걸쳐 지방 분권의 내용을 세밀하게 정비하였다.


## 3. 지방공공단체

일본국헌법 제92조에서는 '지방공공단체의 조직 및 운영에 관한 사항은 지방자치의 본지에 따라 법률로 정한다.'라고 하여 지방자치 를 헌법에서 보장하고 있으며 지방자치법에서는 지방공공단체의 구 분 및 조직 그리고 운영 등에 대한 내용을 규정하고 있다. 지방공공단 체는 국가와 별도로 법인격을 갖고 있으며 지방자치법에서는 지방공 공단체에 대해 '주민의 복지를 증진시키는 것을 기본으로 지역의 행 정을 자주적이고 종합적으로 실시하는 역할을 해야 한다.'고 규정하 고 있다. 지방공 공단체는 보통지방공공단체와 특별지방공공단체로 구분한다. 보통지방단체로는 도도부현(都道府縣)과 시정촌(市町村)이 있고 특별지방공공단체로는 특별구(特別區)와 지방공공단체의 조합 으로 일부사무조합, 광역연합 그리고 재산구가 있다. 보통지방공공단 체는 지역의 사무 및 기타 사무를 법률 또는 정령에 따라 처리하며 도도부현은 시정촌을 포함하는 광역공공단체로 시정촌에 관한 연락 조정에 관한 것 그리고 규모 또는 성격상 일반 시정촌이 처리하기 적당하지 않은 것을 처리하고 시정촌은 기초적인 지방공공단체로 도도부현이 처리하는 것을 제외하고 일반적인 사무를 처리한다. 지방공공단체의 사무는 자치사무와 법정수탁사무가 있다. 법정수탁사무는 원래 국가 또는 도도부현이 처리해야 하는 사무로 국가 또는 도도부현에서 수행하기에는 적적하지 않은 것 중에서 법령으로 정하여 도도부현이나 시정촌에서 처리한다. 대표적인 것으로 호적관리, 여권발행, 국도관리 등이 있다. 법정수탁사무 이외에 지방공공단체에서 수행하는 사무는 자치사무이다.

특별지방공공단체로의 특별구는 도쿄도에 설치하며 시정촌의 업무를 담당한다. 지방공공단체 조합으로 일부사무조합은 일부의 사무를 공동처리하기 위해 협의하여 설치한다. 또한 보통지방공공단체 및 특별구는 광역에 걸쳐 시행해야 하는 사무일 경우 광역연합을 설치할 수 있다. 재산구는 시정촌 및 특별구의 일부가 재산을 보유하여 공공시설을 설치하거나 시정촌 병합 분리 경계 변경 등으로 관계 지방공공단체가 협의하여 재산을 보유하거나 공공시설을 설치하는 것을 말한다.

일본의 보통 지방공공단체로는 도도부현이 47개가 있고 시정촌이 1,718개(2020년 4월 현재)로 시(市, 시) 92개, 정(町, 초) 743개, 촌(村, 손) 183개가 있으며 특별구가 23개 있다. 시 중에서 20개의 정령지정도시(政令指定都市, 세이레이시테이토시)와 62개의 중핵시(中核市, 주카쿠시), 23개의 시행시특례시(施行時特例市, 시코지토쿠레이시)가 있다. 시는 인구 5만 명 이상으로, 중심지에 시가지를 형성하는 구역의 호수가 전

호수의 60%를 넘고 상공업 및 기타 도시적인 업종에 종사하는 인구 또는 그들과 같은 세대를 구성하는 수가 전 인구의 60%가 넘을 것과 또는 도시적 시설 또는 도시로써의 요건을 구비하는 경우 등의 요건이 필요하다. 그중 정령지정도시는 인구가 50만 이상인 도시 중에서 정령으로 지정한다. 중핵시는 인구 20만 이상의 시로 신청을 받아 정령을 지정 한다. 정령지정도시가 되면 지사의 승인, 허가, 인가 등이 필요한 사무에 대해 지사의 관여가 없으며 필요에 따라 해당 국무대신에게 직접 관여를 요청할 수 있다. 또한 필요에 따라 구(區)와 구선거관리위원회를 설치할 수 있다. 중핵시는 복지에 관한 사물에 한해 정령지정도시와 동일한 특례가 적용되어 지사의 관여를 받지 않는다. 시행시특례시는 2015년 특례시 제도가 폐지되면서 중핵시로 되지 않는 시에 대해 적용을 한다. 정촌 중에 정이 되는 요건은 촌 중에서 인구, 관공서 소재, 산업별 취업인구 등을 고려한 도도부현 조례로 규정한다.

　보통 지방공공단체 기관으로는 지방의회가 있다. 지방의회 의원의 임기는 4년으로 만 18세 이상에게 선거권이 부여되며 만 25세 이상은 피선거권을 갖는다. 의회의 권한으로는 조례를 제정하거나 개정 또는 폐지할 수 있는 입법권이 있으며 예산을 의결하고 결산을 인정한다. 또한 단체장의 불신임안을 의결할 수 있다. 의회의 의원 수는 조례로 결정하며 회의는 정례회와 임시회가 있다. 단체장으로는 도도부현에는 지사, 시정촌에는 장이 있다. 단체장의 임기는 4년으로 만 18세 이상이 선거로 선출한다. 피선거권은 도도부현 지사의 경우 만 30세 이상, 시정촌장의 경우 만 25세 이상으로 규칙을 제정하고 예산을 집행하며 의안을 제출할 수 있는 권한이 있으며 의회의 불신임안 가결에 대해 의회를 해산할 수 있다. 또한 보통지방공공단체에는 위원 및 위원회를 설치하여야 한다. 교육위원회, 선거관리위원회, 인사위원회, 감사위원 등을 비롯하여 도도부현의 경우 공안위원회, 노동위원회 등을 시정촌의 경우에는 농업위원회, 고정자산평가심사위원회 등을 집행기관으로 설치하고 있다.

한편 보통 지방공공단체 주민들은 자신들이 생활하는 공공단체에 대해 사무 감사를 청구하고 의회의원, 단체장, 부지사 혹은 부시정촌장 선거관리위원회 위원, 감사위원 공안위원회 위원의 해직을 청구할 수 있는 권리를 인정하고 있다.

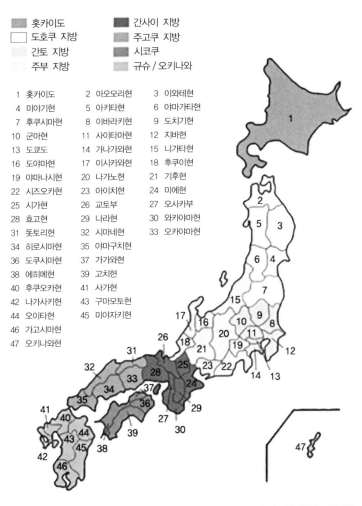

홋카이도
간사이 지방
도호쿠 지방
주고쿠 지방
간토 지방
시코쿠
주부 지방
규슈 / 오키나와

| | | |
|---|---|---|
| 1 홋카이도 | 2 아오모리현 | 3 이와테현 |
| 4 미야기현 | 5 아키타현 | 6 야마가타현 |
| 7 후쿠시마현 | 8 이바라키현 | 9 도치기현 |
| 10 군마현 | 11 사이타마현 | 12 지바현 |
| 13 도쿄도 | 14 가나가와현 | 15 니가타현 |
| 16 도야마현 | 17 이시카와현 | 18 후쿠이현 |
| 19 야마나시현 | 20 나가노현 | 21 기후현 |
| 22 시즈오카현 | 23 아이치현 | 24 미에현 |
| 25 시가현 | 26 교토부 | 27 오사카부 |
| 28 효고현 | 29 나라현 | 30 와카야마현 |
| 31 돗토리현 | 32 시마네현 | 33 오카야마현 |
| 34 히로시마현 | 35 야마구치현 | |
| 36 도쿠시마현 | 37 가가와현 | |
| 38 에히메현 | 39 고치현 | |
| 40 후쿠오카현 | 41 사가현 | |
| 42 나가사키현 | 43 구마모토현 | |
| 44 오이타현 | 45 미야자키현 | |
| 46 가고시마현 | | |
| 47 오키나와현 | | |

출처 : 위키백과 도도부현

## 이진원

연세대학교 정치외교학과를 졸업하고 일본 도호쿠대학(東北大學) 대학원에서 박사
학위를 받았다. 전공은 일본 정치이며, 현재 서울시립대학교 교수로 재직 중이다.
저서로는『현대일본정치시스템의 이해』(공저, 2002),『동아시아공동체 논의의 현
황과 과제』(공저, 2009),『경쟁과 협력의 한일관계』(공저, 2016),『東日本大震災と地
方外交』(공저, 2021),『재일 디아스포라와 글로컬리즘』(공저, 2024) 등이 있다.

## 일본 정치의 이해

2024년 8월 30일 초판 1쇄 펴냄

**지은이** 이진원
**펴낸이** 김흥국
**펴낸곳** 보고사

**등록** 1990년 12월 13일 제6-0429호
**주소** 경기도 파주시 회동길 337-15 보고사
**전화** 031-955-9797
**팩스** 02-922-6990
**메일** bogosabooks@naver.com
http://www.bogosabooks.co.kr

ISBN 979-11-6587-744-6 93340
ⓒ 이진원, 2024

정가 16,000원